シリーズ
沖縄の地域自治組織2〈南部離島編〉

沖縄的共同性の構築と継承

平井 順 編
Jun HIRAI

ナカニシヤ出版

はしがき

本書は沖縄の本島南部および離島の事例研究をまとめたものである。各章はそれぞれが独立した論考として執筆されている。海に隔てられた離島性もしくは都市化が進展する本島南部の特性が，地域自治組織の活動や住民の生活にどのようにあらわれてくるかが探究される。共通関心として注目する事象は「自衛隊基地」「自治体合併」である。横断的に検討する概念は「共同性」「地域アイデンティティ」「継承」である。

すべての章でこれらの事象と概念を均等に網羅的に論じているわけではない。執筆者本人の現地調査・フィールドワークから得られた論点に沿うようにこれらを取捨選択して組み合わせ，事例地域の姿を描き出している。本文各章への導入にあたり，これら注目事象と検討概念について幾ばくかの説明を加えておきたい。

＊

本書で事例に取り上げる離島は，沖縄振興特別措置法に規定する離島（指定離島）である。北部圏域の伊江島（伊江村），中南部圏域の久米島（久米島町），宮古圏域の宮古島（宮古島市），八重山圏域の与那国島（与那国町）を事例に取り上げる。

本書の離島性についての共有認識は，『八重山本』（杉本久未子・藤井和佐編，2012，『変貌する沖縄離島社会――八重山にみる地域「自治」』ナカニシヤ出版）の序にまとめているものを引き継いでいる。それを引用して示しておこう。離島性の「離」に関連付けていえば，中央から遠く離れた地域であるため中心－周辺格差が生じると同時に，周縁として新たな価値を生み出す地域であること。また「島」に関連付けていえば，狭小性，隔絶性などを背景に島民の生活が島の資源に大きく依存するとともに，共住を基盤とした地域自治や住民の共同性が不可欠であること。そして地域社会そのものの維持の困難さへの対応のためには，地域の固有性に立脚した内発型の地域づくりが必要であり，それを支える住民たちの地域アイデンティティの確立が不可欠であるという認識に至った。『八重山本』の出版から10年が経ったいまでも，共同研究メンバーの多くはその認識を共有している。

本書で事例に取り上げる本島南部の自治体は，南部広域市町村圏から島嶼部を除いたところを想定している。すなわち，いまの島尻郡部と市制施行した市部と浦添市がこれを構成する。本来的には島尻郡島嶼部の久米島町も含まれるが，本書では離島カテゴリーで論じている。

それら本島南部のなかから本書で取り上げるのは，豊《と》見《み》城《ぐすく》市・南城市・糸満市・八重瀬町・浦添市である。本島南部は沖縄県で都市化の進んだ地域である。都市化は流動性や異質性を高める。その派生として生じる地域問題は，本島南部の特性のひとつといえよう。『北中部編』（難波孝志編，2020，『米軍基地と沖縄地域社会』ナカニシヤ出版）では米軍基地にかかる共有地の財産管理を重点的に論じた。北部では字《あざ》や行政区が分収金を管理する，中部では郷友会が財産を管理するというものであった。本書でも沖縄の地域自治組織を論じることが共通テーマであるが，共有地の財産管理についてはあまり重点的に扱っていない。注目する事象の違いに北中部と異なる南部の特性があらわれている。

＊

本書で注目する事象は自衛隊基地と自治体合併である。沖縄といえば基地問題といわれるが，その際に念頭に置かれているのは米軍基地であり，沖縄本島北中部のそれである。かつて2000年代半ばに八重山諸島や宮古島等の離島に現地調査に入ったときの記憶では，たしかにレーダー施設等はあったものの，基地問題は大きな地域課題ではなかった。沖縄県内でも飛行機や船で「沖縄に行く」といっていた離島からすると，同じ沖縄県だからといって安易に「沖縄＝基地」と認識してはいけないと思ったものであった。そうした状況に変化が訪れたのが2010年代に始まる国防の南西シフトである。2016年以降八重山や宮古に駐屯地が配備されつつある。自衛隊基地の配備が政治課題でありかつ地域問題として生じるようになってきた。

本島南部の基地は自衛隊基地が中心である。旧日本軍と重ね合わせて悪い印象を持つ向きもある。しかしそれらは過去の記憶とイメージによるものが多く，現在の自衛隊員に起因する話はほとんど聞かない。各地の自治体や自治会で聞き取るなかで感じたことであるが，町内会や運動会での話に登場する自衛官の姿は概ね好感をもって語られる。米軍基地反対の声の高まりは，基地の外側での米軍人の犯罪的行為や粗暴な振る舞いに起因することが多いであろう。自衛隊員はそうした状況を生じさせないよう振る舞うことが徹底されているようだ。自衛隊は基地の外側において地元住民の人たちに受け入れられるよう良好な関係およびイメージの維持にたいそう気をつかっている。

本書で注目するもうひとつの事象が「自治体合併」である。沖縄は人口規模が小さいながらも合併しない選択を貫いたところも多かったといわれるが，久米島町は2002年に，うるま市は2005年4月に，宮古島市は2005年10月に，南城市は2006年に，八重瀬町も2006年に合併を実施している。なお，豊見城市は合併ではないが，2002年に市制施行した。

合併から15–20年経過するなかで行政と住民に及ぼした影響は何だったのだろうか。この関心は2010年に出版した『闘う本』（青木康容・田村雅夫編，2010，『闘う地域社会——平成の大合併と小規模自治体』ナカニシヤ出版）からずっと共有し続けてきたものである。平成の合併は1999年から2010年にかけて推し進められた。『闘う本』はその変化のただ中で格闘している地域社会の姿を記録したのであった。本書は合併から15–20年経過した姿を記録している。

本書の各章で合併についてどの程度取り上げるかは執筆者に任されている。合併自治体を対象にしながらもその政治行政上の経緯にほとんど言及しない章もある。その取り扱いの度合いは濃淡あるものの，派生的に行政連絡会議（区長会等）のありようが変わり，町内会・自治会運営に何らかの影響を及ぼしていることはある。政治行政上の動きもさることながら，本書ではそこで生活している住民の活動に注目している。

＊

本書を通じて横断的に検討される概念は，共同性と地域アイデンティティと継承である。「共同性」という言葉は使う論者によって重点の置き方の変わる用語であり，それは本書の執筆者においても同様である。各論考におけるその意味内容は当該の章にあたっていただきたいが，あえてここで記すならば，それは生活基盤と歴史の共有に基づく人びとの結合様式といえようか。歴史の共有といっても一義に定まるものではない。1945 年 4 月以降の沖縄戦・アメリカ世・ヤマト世といった県単位の歴史の共有がある。人生の多くの時間を苦楽も含めて周囲の人たちと共に体験してきたというその思い出や記憶が形成する人生史・生活史がある。また，現地の人が自治会活動にムラヤーという言葉を用いる，地元密着の商店に共同売店という名称を用いるといった沖縄的歴史イメージの共有が，住民の地域的統合に効果を及ぼすこともあり得る。かように共同性概念について，歴史的に構築され，相互作用の場で構築されるなどの様々なありようが事例を通して検討される。

なお，沖縄的共同性というタイトルであるが，何ら本質主義的な沖縄特殊論を含意しない。沖縄的なるものは構築されるものと捉えている。この点は本書のすべての執筆者が共有する認識である。

２つ目の検討概念は「地域アイデンティティ」である。地域アイデンティティはないよりあるほうが望ましいという価値を帯びて使われがちである。少なくともナショナルアイデンティティほどネガティブな意味合いで語られることはない。それはなぜであろうか。ともに集合的アイデンティティのあらわれであるにもかかわらず，地域アイデンティティの形成は批判されることなくただ望まれる。あたかも個人のアイデンティティ形成がその人の人生を形作る重要なプロセスであることの類推援用であるかのようである。地域社会の維持のために地域アイデンティティの確立が不可欠であるという認識に対するわれわれ共同研究メンバーの内省的な問いも生じる。

地域アイデンティティは集合的アイデンティティのひとつである。そこでは「メンバーの境界」と「地域の境界」が問われる。その境界線の内側である「われわれ」に一体誰が含まれて誰が含まれないのか。このメンバーシップの観点は共同性概念に関わってくる。また自治体合併は境界線の引き直しであるから，その集合的アイデンティティが揺らぐ出来事である。本書のなかでは，旧村アイデンティティを持つ相互の対抗意識が時間の経過により次第に変化していく事例が検討される。新市の統合的アイデンティティ確立に向けて行政主導で取り組む動きが検討される。自治体の境界に形成された集落が字のアイデンティティを獲得していく動きが検討される。

３つ目の検討概念は「継承」である。そこでは「誰が・何を」引き継ぐのかが重要な要素である。共同性に関わるものとしては，地域の祭祀行事や門中の位牌などがそれにあたる。本島南部は伝統行事等の断絶がかなり切実に感じられるところである。沖縄戦でひとたび途絶えたものを復興したいが，かつての状況を知る人びとは戦争で亡くなった，資料も残っていない，そうした状況のなか復元に至らず，場合によっては創作で補わざるを得なかったところもある。そのコンテンツの真正性は決してないがしろにできないが，その際の真正性問題は，引き受ける側がその価値を受容するかどうかにかかってくる。

また，観光資源に関わるものとして本書で取り上げる事例は，戦後沖縄的な外人住宅や非沖縄的な温泉リゾートなどである。それらが新しい沖縄のまちづくりや観光スタイルとして定着していく可能性は如何か。新たに生み出された価値が今後も受容され，引き継がれていくかどうかにかかっている。

共同性に関わるものにせよ，観光資源に関わるものにせよ，本書では同一のコンテンツが作り続けられることよりも，それに携わる人びとの相互作用に注目する。継承は世代を超えてつながるバトンリレーである。そのバトンが何であるかはないがしろにできないが，人の手から人の手へ引き継がれる側面に注目して検討される。

＊

本書の構成について。本書は 11 章からなる。前半 4 章は離島についての論考であり，後半 7 章は本島南部についての論考である。

第 1 章「宮古島市の地域文化と高齢者の生活」は，高齢者を支える地域の共同性を探究する論考である。その考察に際して，離島としての地域生活文化，人口減少傾向と内地からの移住，橋がつながる効果に注目する。行政連絡員へのアンケート調査は地域の住民構成の違いによって３つの地区に分けて分析される。それをもとに高齢者を支える取り組みに関するインタビューの結果を組み合わせて，高齢者を支える共同性が明らかにされる。それは過去の共通体験に支えられているところの，生み・育て・看取ることで世代を超えて地域を継承していく共同性であると提唱される。

第2章「国策と地域自治組織への影響」は，2010年代から始まる国防の南西シフトに関する事例研究である。2010年代後半に自衛隊駐屯地が配備された沖縄県与那国町の事例と，鹿児島県の奄美大島に所在する奄美市と瀬戸内町の事例が検討される。それぞれの地域固有の歴史的，地理的，政治的状況などにより対比的に考察が加えられる。南西諸島の陸上自衛隊駐屯地配備は，その地元の地域自治組織の役割を変化させる。その変化をそのファンクションの観点から明らかにする。

第3章「伊江島における基地問題の歴史と現在」は，基地の存在が地域社会にとっていかなる意味を持つかというわれわれの研究グループ共通の課題に正面から切り込む。本島北部に位置する伊江島は米軍基地のある離島である。字集落の歴史を踏まえながら，基地との闘いから共存へとシフトしていく村の歴史が検討される。受苦の代償としての受益，その補償的権利の不均衡配分が明らかになる。これは伊江村において字集落間の不均衡が見られるというだけでなく，フラクタルのようにあらわれる沖縄県における基地所在自治体の不均衡，日本における沖縄県への米軍基地負担の不均衡という構造的な問題なのである。

第4章「自治体合併と地域アイデンティティ」は，沖縄県中南部圏域の離島，久米島町の事例研究である。具志川村と仲里村が合併して20年が経つ。対等合併した自治体が地域のバランスに気をつかうのは当たり前のことであるという認識が変容していくありようを，副町長の起用，中学校名の決定，泡盛地酒をめぐる地元意識の生活場面から考察する。合併自治体における町史の編纂の意義について，また離島自治体に高校が存続する意義について考察する。合併自治体の均衡ルールは明文化されないインフォーマルなものである。現地の人たちへの聞き取りや過去の会議録文書などを組み合わせて，そのルールの存在と消失を跡づけて明らかにする。

第5章「瀬長島の跡地利用と観光地化」は，那覇空港からほど近い豊見城市瀬長島の事例研究である。この地は神の島から米軍接収を経て観光の島へと変貌を遂げた。当初，那覇空港に近いがゆえに航空法上の制限と騒音問題など跡地開発上の制約があった。その制約をメリットに転換するには，現地の人では思いつかないような外部の視点が必要であった。沖縄で飛行機を眺めながら温泉に入る。この一見突拍子もない組み合わせが，本土企業によって実現されていく。いまや沖縄を代表する観光スポットになったこの島に投げかけられる，観光のまなざしの構築と再生産が描き出される。

第6章「ラベルとしての「共同売店」」は，南城市のあざま共同売店を事例としてクラウドファンディングで出資者を募る経営形態が共同売店であり得るかを問う論考である。まず，村落共同体そのものとして，地域アソシエーションとして，また期待概念としてイメージされる既存の研究背景が示される。そして共同売店であることの指標を整理したうえで，新たな形態の共同売店のありようを分析する。熱意とアイデアあふれる経営者がボランタリスティックな志を持ってこの運営を始めた。この新しい取り組みが地域の共同性を再構築する可能性は如何か，期待を持って語られる。

第7章「合併自治体南城市の地域課題を考える」は，まちづくりと地域住民組織の関係を中心に探究する論考である。本島南部の都市化に伴う人口増加は地域とのつながりの強弱ある住民関係を抱え込む。その住民交流の希薄さが地域課題として潜在する。そのうえで南城市は旧町村の統合に関する地域課題を達成しなければならない。ムラヤー学習会によって他所の自治会とともに活動の相互理解を図る。地域アイデンティティ形成とまちづくりへの活用が模索される。これらの地域課題への対策と可能性を考察する。

第8章「字になること，字であることの意味」は，自衛隊基地に隣接するニュータウン，南城市字つきしろの事例研究である。1970年代後半，3つの自治体をまたぐ境界に集落が形成された。地域アイデンティティ確立の可能性が模索される。その後佐敷町つきしろ・玉城村《たまぐすくそん》字垣花・知念村字志喜屋の併存状態が続いた。南城市の合併はこの状況に変化を及ぼした。住民の統合的地域アイデンティティが明瞭な姿をもってあらわれる。2013年には字界統合を果たし「南城市佐敷字つきしろ」でなく「南城市字つきしろ」が採用された。旧町名を残さないところに，字つきしろの一体感が込められている。ひとつの地域に生きる住民の連帯意識が象徴的に反映されたものである。

第9章「沖縄の門中と共同性のゆくえ」は，門中についての理解を広げるエッセイである。父系血縁原理に従って位牌継承を行う門中制度は，琉球士族のそれが代表的であるが，近世末期以降に士族に出自を持たない平民層にも広がった。糸満で見られる門中のほとんどは百姓系の地人（ジーンチュ）のそれである。門中観念の強さは，近代に入っていっそう厳格な父系血縁原理に従って再編されたものであるが，近年の計量データにあらわれる門中・墓・位牌についての意識はどうか。県民意識調査から，位牌継承に対する人びとの意識の変化を読み取る。門中の家の継承の制度が，現実的調整で存続可能であるか否かが沖縄の将来的課題として問われている。

第 10 章「伝統祭祀行事の継承と地域社会」は，八重瀬町志多伯の獅子加那志豊年祭を事例とする研究である。伝統祭祀行事の継承と担い手が考察される。演者になれるのは区民とその直系の血縁者に限られる。担い手の中心は仲間集団のつながりが支えている。演者以外にも行事に携わる住民および関係者が多くおり，皆それぞれが自分にできる役割を引き受ける。伝統の継承に関わる次世代の育成が強く意識される。祭祀行事の継承はマクロで見れば構造の再生産であるが，実際にはそれに関わる人びとの実践の積み重ねによって成り立つ。そしてそれは，祭祀行事の役割分担のインタラクションを通じて，字の先輩方から受け継いだものを大切にするという価値観の共有に支えられていることが明らかにされる。

第 11 章「観光まちづくりと外人住宅」は，浦添市の港川ステイツサイドタウンの事例研究である。まず「観光まちづくり」の概念と，行政用語として使われがちな「観光地域づくり」「観光地経営」の概念整理が施される。米軍駐留時の外人住宅が時を経てどのように利活用されるに至ったかが跡づけられる。沖縄の本土復帰の頃は県内外からの移住者に住居として貸し出すのが通例であった。その後，住居以外の用途に転用されるケースが増えはじめる。2000 年代にはおしゃれな店舗へ活用範囲が広がる。外人住宅のおしゃれなアメリカ的雰囲気を観光資源とする取り組みが定着するようになった。米軍基地のネガティブさを取り除き，力強くポジティブに活用する，そうした観光のまちづくりの実践例が紹介される。

平井　順

目　　次

*

沖縄的共同性の構築と継承

第1章
宮古島市の地域文化と高齢者の生活

杉本 久未子

池間島で昨年末，地域の祭祀行事を担うツカサ３人が６年ぶりに誕生した。旧正月の１日，島の中でも最も気高い神が鎮座するという「ナナムイ御嶽」で，新旧のツカサ引き継ぎの行事「バタスニガイ」が行われた。池間自治会の仲間広二会長は「神事は島の大切な文化。新しいツカサが誕生し，ほっとしている」と喜んだ。（『沖縄タイムス』2022年２月７日付）

1　高齢者を支える地域の共同性

自衛隊基地の建設が進む宮古島市は，沖縄県のなかでも独自の方言や神事，習俗が今も日常生活のなかに息づく地域であり，高齢者はその生活世界に生きている。彼らの生活をどう支えるか，本章では宮古島市を事例として高齢者を支える地域の共同性とは何かを探りたい。

高齢社会が進展するなか，共助＝地域の共同性への期待が強まっている。筆者は地域の共同性を「一定の地域における共住，共通の生活体験と生活文化の同質性が生み出す共助の仕組み」と捉えている。この共同性は「地域社会の存続を前提として世代をつなぐ互酬性によって支えられている」ものでもある。だからこそ，高齢者にとって地域社会は「先祖の思いを引き継ぎ，家族・隣人・友人などのなかで日常生活を維持できる場，そのなかで自分の生を全うする場，親しい人に看取られる場」となるのである。そこで，高齢者の生活と地域の共同性の関わり，特に伝統的な住民自治組織が弱体化するなかで高齢者を支える新たな共同性がどのような担い手によって生み出されているか，どのような地域の生活文化として根付いているのかを探ってみたい。

対象とした宮古島市は，沖縄本島から南西 287 km の位置にある。宮古島，池間島，伊良部《いらぶ》島，下地《しもじ》島，来間《くりま》島，大神《おおがみ》島の 6 つの有人島で構成され，2005 年にこれらの島々に存在した平良《ひらら》市，城辺《ぐすくべ》町，下地町，伊良部町，上野《うえの》村《そん》が合併して宮古島市が誕生している。宮古島市を取り上げるに際して私が注目したのは次の 3 点である。

第 1 は沖縄離島としての独自の地域生活文化を現在も強く保持していることにある。そのことは，宮古島市の住民自治組織が農漁村部を中心に，祭祀，行政事務，地域課題解決の機能を保持し，経済生活面だけでなく，精神生活面でも住民を支えていることを意味する。そして住民の共同性は，模合《もあい》，ユイマール，ユンタクとして日常生活のなかに息づいている。

第 2 は，高齢化の進展とその対応において独特の展開を見せていることにある。宮古島市は全体としては人口減少傾向にあるが，中心部への社会移動によって特に周辺部の人口減と高齢化が著しい。また，若者の多くが島を離れる反面，内地等からの移住が多くなっている。宮古島市は医療施設や介護サービスが充実した，高齢者の移住推奨地域に位置づけられている（日本創成会議，2015 年）が，人口流入が激しい市中心部において自治会空白地区があり，コミュニティレベルでの高齢者サポートに問題を生じている。

そして第 3 は，近年急速な地域社会の変化がみられることである。宮古島市では，来間島，池間島，伊良部島と宮古島本島の間の架橋が順次完成し，周辺の島々の孤立性が弱まるとともに，さまざまな機能が中心部に集中するようになってきた。平成の大合併が中心部への機能集約に拍車をかけている。島外との関係で見ると，2015 年に開通した伊良部大橋や伊良部地区の下地空港の開港によってインバウンドも含めた観光客の急増がみられ，リゾート開発などの建設ブームを呼んでいた。さらに，野原区での自衛隊宿舎建設に加えて保良《ほら》区での自衛隊弾薬庫の建設も進み，防衛施設の増加に伴う地域社会の変化も著しい。

以下では，**2** で宮古島市の地域特性と高齢者をめぐる状況を概括的に紹介

図 1-1　宮古島市の島々と地区

する。**3** では住民自治組織の地域差を前提に，行政連絡員アンケートや行政連絡員・高齢者福祉関連事業者などへのインタビューをもとに，市街地，周辺部，旧町村部での地域課題，高齢者の生活実態を示す。**4** では高齢者をサポートする具体的な住民活動事例を紹介し，最後に **5** で高齢者を支える地域の共同性と地域の生活文化の継承との関わりについて簡単な取りまとめを行う。

2　宮古島市の概要
——市街地・郊外地・農漁村がコンパクトにつまった島——

宮古島市は人口 5 万人あまりで，大きく市街地，郊外地，農漁村から構成される。公共施設や商店などが集積する市街地を持つ平良地区のみが人口の増加を続けるが，他の地区は人口減少傾向にあり，特に周辺に位置する城辺地区と伊良部地区の人口は 1975 年から半減している。自衛隊の存在が人口増加に結びついており，上野地区の増加は自衛隊宿舎の建設によるものだと考えられる。

旱魃《かんばつ》や台風と闘いながら農業が続けられてきた地域であり，現在は地下ダ

表 1-1　地区別人口推移

	宮古島市	平良地区	城辺地区	下地地区	上野地区	伊良部地区
人口　1975 年	55,957	29,301	10,883	3,116	3,493	9,164
1995 年	54,326	33,095	7,864	3,036	3,186	7,145
2015 年	51,186	35,280	5,386	2,892	2,859	4,769
2020 年	52,931	36,845	4,907	2,876	3,721	4,582
高齢化率（%）	26.78	22.86	39.33	32.42	23.09	41.14
ひとり暮らし高齢者率	35.38	34.54	36.82	37.78	33.67	36.89
介護保険認定者数	2,554	1,406	394	201	143	410

（出所）国勢調査報告書・宮古島市統計書

ムの建設によって旱魃の被害が克服されている。産業別就業者数（2015 年）を見ると，農林業（4038 人）が最も多く，医療福祉（3283 人），卸小売（2744 人），建設業（2225 人），宿泊飲食業（1848 人）が続く。高齢者が農業に，働き盛りは介護・観光・建設などに従事している地域といえるだろう。

高齢化率も平良地区で低く，城辺地区，伊良部地区では 4 割前後と高い。高齢者の 3 分の 1 以上が一人暮らしで，介護保険認定者数は 2500 人を超える。介護認定率が高く，在宅介護が多いのが宮古島市の特徴である[1]。沖縄県の行政施策の影響もあり，小規模多機能施設が充実し，県立宮古島病院の地域医療，ドクターゴン診療所などの訪問医療も取り組まれている。

介護が重要な働き場となっている面がある。介護施設や介護事業従事者からは，在宅介護関連の事業者の競争が激化しているため，通院の付き添いなど介護保険のグレーゾーンのサービスを提供する業者があり，それが給付額，さらには介護保険料の増加に結びついているという指摘がある。市行政や社会福祉協議会では介護保険対象外の生活支援や介護予防事業にも力を入れている[2]。さらに，地域福祉計画を策定して，地域の支え合いを強化することにしており，コミュニティソーシャルワーカーの配置や自治会による見守りなどの小地域ネットワーク活動も始まっている。なお，コロナ禍で状況が変化していると思われるが，近年の観光ブームにより観光関連雇用が増加しており，介護人材がそちらに流れる傾向が見られた。家賃が高騰して島外からの介護専門職資格者が住むところを確保できないという問題もあった。

また，内地からの移住者が多い宮古島では，高齢化したＩターン者をめぐる問題も多い。地域社会に溶け込んでそこで豊かな老後を迎える人がいる反面，地域から孤立した高齢者が最終的に公的サポートに頼る厳しい老後を迎える事例があることも指摘されている。

> Ｉターン者は暖かいイメージで入ってくる。物価が高い，電気・水道代が高い，介護保険料が高いから帰っていくと聞いている。……シニアのＩターン者は，地域に根付いている人は半分。城辺のＩターンの人は地域になじみながら最後は家族を呼び寄せてこちらで看取りをした人もあった。……Ｉターン者は老人クラブには属していない。介護が必要になったりして困ったときには気がついたら孤立しているような状態もある。……Ｉターン者のなかには，リスクがある人や身寄りのないまま来られて高齢になった人もいる。リゾート楽園イメージで来てコミュニティに入れず，お酒・食事でも問題が発生する。……介護保険・健康保険がない人もいる。……昨年は２人に成年後見の手続きをした。（市役所高齢支援課職員）

3　地域の共同性と高齢者の生活

(1) 住民自治組織の地域差と検討のための地域分類

では，高齢者を支えることが期待される宮古島市の住民自治組織はどうなっているのだろうか。まず，組織的な特性を見ておこう。宮古島市の住民自治組織は，合併前の旧自治体ごとの体制を継承する形で維持されている。平良地区以外では，旧字《あざ》を引き継ぐ自治会（行政区）が存続し自治会長のもとに豊年祭や共進会などの地域行事や地域環境の維持がなされている。旧自治体レベルで地域づくり協議会が結成されており，各協議会は一律 300 万円の補助を受けて，支所との連携のもとでスポーツ大会や環境美化など様々な活動を行っている。多くの自治会では，自治会長が行政連絡員を兼任し JA から農業関係の仕事を受託することもある。

平良地区では，市街化した中心部には自治会がない。そこでは行政連絡員が広報紙の配布等を担当している。周辺部では旧来の自治会が維持されており，自治会長が行政連絡員となっているが，この地区全体の自治会長の協議機関は設置されていない。住民の活動に対しては「地域づくり支援事業」が実施されており，公募に応じた住民たちの活動を合計300万円を上限に支援している。平良地区は，中心市街地，郊外の住宅開発などが進む人口増加地域，周辺の農漁村や離島と，多様な地域で構成される。人口増加地域では外部からの流入者が多いこともあり，自治会の組織率が低下している。周辺部では過疎化，高齢化により自治会活動が困難となっているところもある。

以上から，宮古島市の自治組織と高齢者をめぐる社会状況を，旧平良市市街地（以下，市街地），旧平良市周辺部（以下，周辺部），旧平良市以外（以下，町村部）の3つに分けて検討することにした。

(2) 行政連絡員（自治会長）アンケートから見る地域生活

まずは，行政連絡員アンケートから地域生活の状況を見てみたい(3)。

①行政区の状況

行政連絡員は，市街地では男女がほぼ半数ずつであるのに対し，他の地区では自治会長が連絡員を兼ねることから，男性が9割を超える。最長職は，市街地で商工業，それ以外では民間企業社員や役場職員が多い。農林漁業はどの地区とも1割強程度である。時間的，経済的に余裕のある退職した会社員や公務員が自治会長をしている。

自治会の世帯数は市街地で，101～300世帯と301世帯以上がそれぞれ4割を占める。周辺部では101～300世帯が5割，町村部では100世帯以下が6割と規模が小さい。市街地は農家がほとんどなく，周辺部は混住地域になっており，町村部は3分の2の世帯が農家である。高齢世帯は市街地で3割程度，それ以外は6割を超え，町村部では独居高齢者世帯が2割近くに達する。

地区内の組織を見ると，市街地では自治会のある地区は半数を切り，老人会，青年会，子ども会などの年齢別集団も少ない（**表1-2**）。そのため，地域の住民生活を支える福祉活動グループなどが形成されている。周辺部では，年齢集団が一定程度機能しているほか，スポーツ集団や防犯グループも形成

表 1-2　地域別住民組織の状況

	行政区の組織										合計
	自治会	老人会	青年会	婦人会	子ども会	伝統芸能保存会	スポーツ集団	防犯グループ	福祉活動グループ	その他	
市街地	6	2	1	4	2	2	1	2	5	5	13
	46.2%	15.4%	7.7%	30.8%	15.4%	15.4%	7.7%	15.4%	**38.5%**	38.5%	
周辺部	16	10	6	6	4	1	4	5	0	2	16
	100.0%	**62.5%**	37.5%	37.5%	25.0%	6.3%	**25.0%**	**31.3%**	0.0%	12.5%	
町村部	25	22	16	16	19	4	2	5	2	3	25
	100.0%	**88.0%**	**64.0%**	**64.0%**	**76.0%**	16.0%	8.0%	20.0%	8.0%	12.0%	
合計	47	34	23	26	25	7	7	12	7	10	54

されており，混住地域の特性を読み取ることができる。町村部では，自治会とその傘下の年齢集団が維持されている。

自治会の運営については，「役員のなり手がない」が共通の課題になっている。市街地と周辺部では「一般住民が無関心」が多く，町村部では「行政からの依頼が多すぎる」，「十分な予算がない」が課題として挙げられている。

②地域の魅力と課題

「あたたかい人間関係」，「高齢者を敬う風土」を魅力として挙げる人が多く，高齢者にとって住みやすい場所であることが確認できる。周辺部や町村部では「御嶽《うたき》・信仰」，「方言・慣習」も高くなっており，地域の精神的・文化的な結びつきが魅力となっている。また，周辺部で「自然環境や自然景観」「祭りや伝統芸能」が多く挙げられている（**表 1-3**）。

地域の課題を見ると，「高齢者支援」がどの地域でも最も多く，「地域住民の交流」も共通して挙げられる。地域の魅力である「高齢者を敬う風土」を日常生活のなかで具体化することの困難さを示しており，地域の共同性を支える基盤が弱まっていることが推測される。

自由回答からは，人口流入や人口増加が続く市街地と高齢化が進むそれ以外の地域との課題の違いが浮かび上がってくる（**表 1-4**）。市街地では新たな住民の流入に伴う生活インフラの整備や，新旧住民の交流＝ライフスタイルや階層格差への対応が重要になっており，周辺部や町村部では高齢者の増加

表 1-3　地域の魅力

	地域の魅力															合計
	自然環境や自然景観	歴史的建造物や歴史的景観	祭りや伝統芸能	学校や教育風土	食文化や特産品	伝統芸能	あたたかい人間関係	子育て環境	農業漁業	観光産業	御嶽・信仰	史跡・戦跡	方言・慣習	高齢者を敬う風土	その他	
市街地	8	2	4	6	4	2	9	5	2	2	4	0	2	7	1	15
	53.3%	13.3%	26.7%	40.0%	26.7%	13.3%	**60.0%**	33.3%	13.3%	13.3%	26.7%	0.0%	13.3%	**46.7%**	6.7%	
周辺部	13	4	7	3	2	1	12	7	9	2	8	4	9	7	0	16
	81.3%	25.0%	**43.8%**	18.8%	12.5%	6.3%	**75.0%**	43.8%	**56.3%**	12.5%	**50.0%**	25.0%	**56.3%**	**43.8%**	0.0%	
町村部	11	1	6	2	2	3	21	4	6	3	10	2	11	13	0	23
	47.8%	4.3%	26.1%	8.7%	8.7%	13.0%	**91.3%**	17.4%	26.1%	13.0%	**43.5%**	8.7%	**47.8%**	**56.5%**	0.0%	
合計	32	7	17	11	8	6	42	16	17	7	22	6	22	27	1	54

表 1-4　地域別自由意見

地区	自由意見
市街地	伊良部大橋開通に伴い人口が急増している。5年間で300世帯の増となっており，地域の都市計画が急務と思われる。道路の整備や排水，カーブミラー，防犯灯等の対応が遅れている状況にある。
	毎年，アパートやマンションが増え続けている，地域住民との交流は少なくなってきているが，高齢者はデイサービスを利用して毎日楽しんでいる。ひとり親家庭の収入格差などの問題もあり教育を受けられない子どももいる。
周辺部	地域に子どもがいない時期が10年以上になり子どもたちの歓声が無くなった。しかし，一番の問題は子ども達が親の地域を知らない事で，何とか地区外に住む子ども達とこの地域を結び付けたい。そのために昔活動した子ども会を作りたいと思う。
	各世帯が老人世帯であり，地域行事への参加が年々減っている。若い方がほとんどおらず，自治会役員のなり手がおらず活動に支障がある。ここの村落は農家が多いが，高齢者が多く，農作業が減少し，農業維持できるか問題が出始めている。
町村部	高齢化が加速し，地区の世帯数が将来減少し，自治会運営が財政的に難しくなっていくことへの不安がある。少子高齢化による地域の過疎化を，自治区，市，県，国と連携して，将来活性化できればと切に望みます。
	2年後に近くにホテルができ地域の活性化につながっていくことができる。高齢者世帯が多く将来が不安である。

とそれと並行的に進む地域の担い手の減少が，地域環境の維持や自治会活動の継続を困難としている。

(3) 行政連絡員が語る高齢者をめぐる状況

その状況を，行政連絡員インタビューから３つの地域について具体的に見ていこう。

①自治会がない市街地

平良市街地の西里大通り，市場通り，下里通りは商店街を形成し，戦前期に内地からの移住者が店を出していたところもある。道路拡張や大型店舗の出店によって商店街が衰退し，商店街がリーダーシップをとった地域活動は弱体化している。もともとは字会とその下部組織である内会（現在の行政区のエリアに対応）が住民自治を担っていたが，現在はその活動はほとんど行われておらず，実質的に自治会がない状態である。商店街の周辺部分では公的住宅も建設され一軒家から生活保護世帯まで多様な人びとが居住する。宮古島市の周辺部の人がお店を出したり，Ｉターン者が商売を始めたりすることも多く，最近は中国，ベトナム，フィリピンなどからの流入者も増加している。しかし地域の中に沈殿している高齢者は存在しており，社会福祉協議会のデイサービスやボランティアが実施するデイサロンが高齢者を支えている。

> 高齢者のほとんどは家の中で暮らしていてあまり外へ出ない。うちの喫茶店に来るのは長年の常連さんで，特に高齢者のたまり場になることを意識しているわけではない。……地域には子ども会はもちろん，婦人会，老人会はない。敬老会も市主催のがあるのみで，行政連絡員が70歳以上の高齢者に敬老祝金（3000円）を配布しており，その時に敬老会の招待状も渡している。

> 「がんずう会」（後述参照）に集まってくる高齢者は，近所づきあいが全くなく会話もほとんどない人も多い。……マンションが改造された高齢者住宅があり，他所からの高齢者も増えている。

②周辺部

農漁村地域であったが，市街地の外縁部分ではアパートやマンションの建設が続いており，若い子育て世代の流入がある。しかし流入者が自治会に加入することは少なく，高齢化した旧来からの居住層によって自治会活動が支えられている。平良の周辺部には北部の島尻，狩俣《かりまた》や池間島，唯一の有人離島の大神島などの少子高齢化が進む地域もあり，住民全体が高齢化するなかで高齢者をどのように支えていくかが課題となる。高齢者サポートが十分でないため，高齢者が住み続けられない地域もある。

キビを育て一代で今の地域を築いた人が高齢化し後継者がいなくなっている。……敬老会が最大の自治会行事で地域外に出た子どもたちを招待し，出し物に力を入れている。集落に一人住まいの高齢者はいない。80代の女性は，近所に子どもが住んで目配りをしている。

ひとり暮らしの高齢者については宮古島市内に住んでいる子どもたちが買い物をして運んでくる。体が弱ってひとり暮らしが難しくなったら子どもたちが相談して行先を決めているようだ。……仕事がないから介護のために子どもがこっちに移住することはまずない。

③町村部

平良以外の地域は，合併により自治会の行政的位置づけが変化したが旧自治体ごとに存続している支所と地域づくり協議会のもとで自治会長が行政連絡員となり住民自治活動が維持されている地域が多い。これらの地域では住民の高齢化が進むとともに，架橋によって生活が変化したり，観光化の影響を強く受けている地区もある。担い手不足から自治会活動が困難となっている地域があり，さらに近年では自衛隊基地の建設が行われることになり，住民間の対立や住民構成の変化が始まっている地域もある。

自治会には歴史的文化的つながりがあり，清掃や御嶽の管理も区長が責任を持っていた。部落有地の賃貸収入があるので自治会費は徴収していない。……合併後高齢化が進んでおり，社協と連携して高齢者の状況把握をしている。

自治会活動は会計処理ができなくなって平成18年ごろにやめた。自治会が無くなって部落のために神に祈る司の活動ができなくなっている。……海神祭のハーリーやミヤクーツクも有志会のもとで地域の人びとが参加して実施している。……農業も漁業も高齢化が進んでおり，特に漁業は機械化だけでは解決できない。

私は自衛隊基地が建設されるゴルフ場用地の地権者でもあるが，宮古島を守るために基地は必要と考えている。……若者が少なくなって今はおじいさん，おばあさんばかりになっている。お盆の中日のバレーボール大会はもうやめており，自治会の活動は敬老会と草刈り後のバーベキューぐらいになっている。

4　高齢者を支える取り組み

ケア労働の多くは，女性たちが担ってきた。宮古島市においても，公的支援で漏れ落ちる部分，自治会などによる半ば制度化された共助が及ばない部分を担っているのは女性たちであった。ここでは，市街地，農漁村というそれぞれの地域特性に対応した活動を行っている女性（たち）を中心とした取り組みを紹介したい。

(1) 民生委員が開催する「がんずう会」（神屋）

自治会としての活動がない神屋の民生委員であるA氏は，2016年ごろから「がんずう会」という高齢者通いの場（以下通いの場）を月2回開催するようになった。介護予防の話などをするほか，いきいき健康体操も始めた。50インチのテレビの前に毎週30人ぐらいの高齢者が集まる。登録者は70人程度あり，神屋だけでなく自治会のない周辺の地域からの人も集まっており，隣の地域の民生委員もボランティアとして活動に参加するようになっている。

A氏は沖縄本島南部の出身だが，宮古島に移住して地域の環境問題などにも取り組んできた。民生委員として高齢者と接するうちに，通いの場を開催

図 1-2　がんずう会（神屋）

するようになり，今は百歳体操を他の地域にも定着させるために情報交換会の講師をしたり，民生委員による自主研修会のために資料作成なども行っている。

A氏は通いの場の開催に際して，他の施設の見学やネットでの情報検索などを欠かさない。また早口言葉を取り入れるなど内容に変化をもたせている。一人ひとりの参加者の健康状態に配慮する必要があるため「百歳体操を開催した日にはすごく疲れる。この活動をいつまで続けられるか不安がある」と語った。会に参加している人のなかにも，体操中に十分に水分補給をしてくれない人，家での食事を十分取ってないと思われる人もおり，通いの場での活動に加えて，社会福祉協議会や行政との連携が必要との認識がある。地域には高齢者の認知予防，介護予防のニーズはあるが，ボランティア希望者がいないため，これ以上対応を増やせない。送迎があれば，通いの場に参加したいという人も10人程度いるということで，有償ボランティアの仕組みができることを希望している。

(2) 女性自治会長が始めた買物弱者支援プロジェクト（大神島）

神女が守る聖地大神島は宮古島本島からフェリーで15分の離島である。かつての計画的な移住で人口が半減し，さらに就業先や生活の利便性の欠如などから若者の流出が続いた。2019年現在は16世帯で，住民はすべて50歳

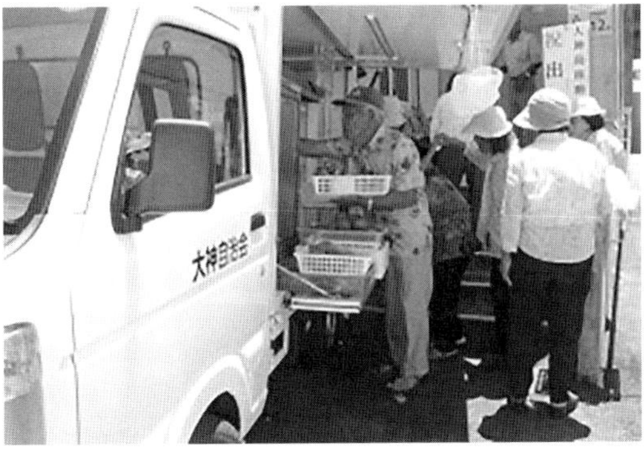

図 1-3　移動販売車（大神島）

以上となっている。数年前，Uターン者が食堂兼民宿を開業し，観光客が少しずつ増加している。ドクターゴンの訪問診療が月2回，宮古島本島の島尻からの訪問ヘルパーによる週1～2回の入浴サービス，公民館での月1回の健康体操が高齢者を支えている。また，島の歴史や伝統文化などを記録した生活誌『ウプシ』の出版や，シマの自然や歴史文化を次世代に伝えるための「大神島憲章」の制定など，地域文化を伝える取り組みも行っている。

ところが，島内には買い物施設がなく，平良市街地などに買い物に行くにはフェリーと定期バスを乗り継ぐ必要があり，不便で時間がかかる。宮古島本島に住む子どもが買い物をして運んで来ることもある。60代の女性自治会長は，行政と相談して県の小さな拠点推進事業（買物弱者支援プロジェクト）を活用して移動販売の導入を検討，大神島出身で頻繁に買い物を親に届けていた40代の女性が書類作成を手伝い，移動販売車を購入することができ，2018年から販売を開始している[4]（**図 1-3**）。

販売しているのは，米，卵，インスタント味噌汁，小麦粉，サラダ油，洗剤，ティッシュなどで，果物や魚などの生鮮品はない。移動販売車は普段は離島振興コミュニティセンターに置かれており，要望があれば自治会長が販売したり，届けたりもしている。

図 1-4　きゅ～ぬふから舎　利用風景

(3) 島出身女性たちが高齢者の支援や地域文化の継承を（池間島）

池間島は２つの漁村集落で構成され，昔はカツオ漁で栄えた。漁業の沈滞や宮古島本島への架橋によるストロー現象で地域が衰退し，高齢者が島に残されることになった。この高齢者たちを支えながら，地域の活性化にも取り組んだのが「NPO 法人いけま福祉支援センター」の活動である。「大人になって金持ちになったらみんな島を捨てるんだね」という高齢者の一言が活動の契機になったとM氏はいう。

M氏は現在，宮古島市の市街地に住むが，島在住の同級生とともに実家で高齢者も招いて語り合うことから活動をスタートした。集まりを続けると参加者がどんどん増え，おばあたちは「島で最期を迎えたい」と思いを語るようになった。その思いに応えるために，2005 年小規模多機能型居宅介護事業所（きゅ～ぬふから舎）を開設した（図 1-4）。島の高齢者は介護保険を利用しても１割負担の利用料を払うことが難しい。制度に縛られずに食事とくらしを確保する仕組みも捻出している。

さらに，高齢者の所得確保と生きがいづくりに向けて，2010 年から高齢者たちが受け入れ家庭となる「民泊」を開始した。高校生を中心として修学旅行生などを受け入れ，島の生活や文化を伝えている。この民泊は人気を呼び，周辺地域にも広がっていった。また，民泊経営を老後の楽しみに池間島にU

ターンする出身者も出ている。さらにこのNPOでは島の子どもたちに生きる知恵を伝えるために，島の伝統文化や食文化などを島の高齢者を先生として教える島学校もスタートした。

きゅ〜ぬふから舎は，災害時に高齢者を支える施設としても機能している。2019年の9月，台風13号が宮古島を直撃した翌日にきゅ〜ぬふから舎を訪ねると，台風襲来の前日から一人暮らしの高齢者を受け入れていた。スタッフの女性たちは，自家発電機のガソリンの残量を心配しながらも，家に帰らせられない高齢者の世話をしつつ，訪問介護の手順など当日の作業の打ち合わせに余念がなかった。

5　高齢者を支える共同性とは
――まとめにかえて――

3つの活動事例は，市街地におけるＩターン者が高齢者との接触を通じて始めたもの，離島の自治会長が高齢者の利便性を高める必要から取り組んだもの，衰退する漁村地域の出身者（市街地居住者）が高齢者を安住させたいと同級生と始めたものと，女性たちの地域との関係はそれぞれ異なっているが，いずれも高齢女性との心のつながりに基づくものである。

特に池間島や大神島の女性たちの活動からは，高齢者を支える地域の共同性とは，農林漁業という生産・生業を契機とした共同性ではなく，時間を超えて生み，育て，看取ることで地域を継承していくという共同性であることがわかる。この共同性を支えているのは，学校生活（同級生）や伝統行事など過去の共通体験を介した地域の思い出との結びつきである。家族や親族が出身地に残って居住していることで他出者を様々な形で地域に結びつけることが可能であったことも影響している。共同性の根拠は現在の共住から過去の共住へ，それによる共通の体験と思い出に拡大するといえるだろう。

ノスタルジックな過去の共同性意識が人びとを結びつけ，防災，高齢者支援，地域文化の継承などの活動を通じて，新たな共同性が構築されているのが宮古島の現状である。しかし，これを実現した世代も高齢化しつつある。この活動を次世代に引き継ぐのは可能であるか。次の世代がこの共同性を継承していくために，地域社会のなかに生活に根ざした共通体験を生み出していくことが求められている。

そのひとつの回答が冒頭の新聞記事に見られる池間自治会の例であろう。高齢者福祉から地域文化の継承へとつながった人びとの生きざまが，自然とともに生きるうえでの神事＝祭祀の重要性の認識につながり，今の時代に合わせた行事内容の見直しにつながったということであろう。この地域を成り立たせてきた伝統行事の意味を再解釈し，現在の生活のなかで再生すること，その神事を担う女性の生き方を尊重すること，これらの認識をもとに地域行事や祭祀を再構成していくことが重要との認識である。この基底には地域の文化的アイデンティティの確立も不可欠であり，池間方言辞典が最近発刊されている。生活誌を発刊した大神島の取り組みにも同じものを見出すことができる。

(1)　宮古島市の第１号被保険者の認定率は，2013 年の 24.7％から 2017 年には 21.2％に減少したが，沖縄県平均の 18.2％を上回っている。2019 年の島内の介護保険関連施設を見ると，訪問介護事業所（37），在宅介護支援事業所（33），広域型＋地域密着型通所施設（30）など在宅介護に関する事業所が多く，介護保険給付状況を見ても居宅サービスの割合が高くなっている。

(2)　タクシー利用助成，訪問理美容や庭の草刈りなど軽度生活支援，退院者などを対象とする短期宿泊事業が行われており，また社会福祉協議会やボランティアによる「生きいき教室」，「通いの場」，「いきいき百歳体操」など介護予防事業も行われている。

(3)　行政連絡員へのアンケートは，2017 年６月に宮古島市総務課の協力を得て市広報配布時に各担当行政連絡員に配布し，大阪人間科学大学杉本研究室宛で郵送回収した。配布数は 108，回収数は 62，有効回収率は 57.4％である。地区別では，平良地区が 36 で全体の 58％を占め，以下城辺 13（21％），下地６（10％），伊良部４（７％），上野２（３％）であった。

(4)　当初は元自治会長の男性が移動販売車を運転していたが体調を崩し，以後は先述の 40 代の女性が平良のスーパー等の特売で購入してきたものを週末に販売する。商品の注文は自治会長が高齢者の要望や売れ行きを考慮して行っている。

■参考文献

堀本雅章，2015，「沖縄県宮古島市大神島における観光地化と島民意識」『法政地理』47。

河合克義，2014，「離島における一人暮らし高齢者の生活と親族・地域ネットワーク――沖縄県宮古島市での悉皆調査の結果を踏まえて」『明治学院大学社会学・社会福祉学研究』143。

圓田浩二，2018，「沖縄県宮古島市におけるクルーズ船観光の現状と地域社会の変容」『沖縄大学法経学部紀要』28。

西尾敦史，2010，「小規模多機能型居宅介護と家族・地域社会――宮古島市における実践と自治体政策」『地域研究』7，沖縄大学地域研究所。

白石こころ，2013，「沖縄共同体社会における高齢者とソーシャル・キャピタル」イチロー・カワチ／等々力英美編『ソーシャル・キャピタルと地域の力』日本評論社。

杉本久未子，2017，「沖縄県読谷村の住民自治組織――その変容と可能性」『同志社社会学研究』21。

第2章
国策と地域自治組織への影響

——与那国，奄美大島への陸上自衛隊駐屯地配備をめぐって——

藤谷忠昭

1　南西諸島への自衛隊配備

本章では，南西諸島（図2-1）への陸上自衛隊駐屯地配備による，町内会・自治会への影響を，その機能の観点から検討する。

まず，南西諸島への陸上自衛隊駐屯地の配備の経緯と現状（2022年9月現在）を簡単に整理しておきたい。2010年12月に閣議決定された中期防衛力整備計画（2011～15年度）では「南西地域の島嶼部に陸上自衛隊の沿岸監視部隊を新設し，配置する」と明記された。この方針に従って，2016年に与《よ》那国《なぐに》に，2019年に奄美大島に，2019年に宮古島の野原地区，2021年に保良《ほら》地区に，また，2023年3月に石垣の平得《ひらえ》大俣《おおまた》に配備された。筆者はこれらの配備地域，予定地域を対象に，軍事施設と周辺地域との関係を検討してきた。これまでの検討では，住民間，議会でその賛否について激しく争われ，いまも，その余波が地元に残っている様子を確認した（藤谷 2012; 2017; 2020a; 2020b; 2023）。また，配備が予定された時点から，それぞれの地域では，軍事施設を受け入れるに際しての，様々な権益や利害が錯綜していた。地元自治体は，人口対策や経済効果による地域活性化のために，住民の意向を見ながらも，国家の軍事プロジェクトを受け入れる姿勢を見せてきた。また住民のなかには，それぞれの利害に応じ，賛成する者もあれば，離島の軍事化に激しく反対する者もあり，いまだ小競り合いが続いているところもある。こうした自

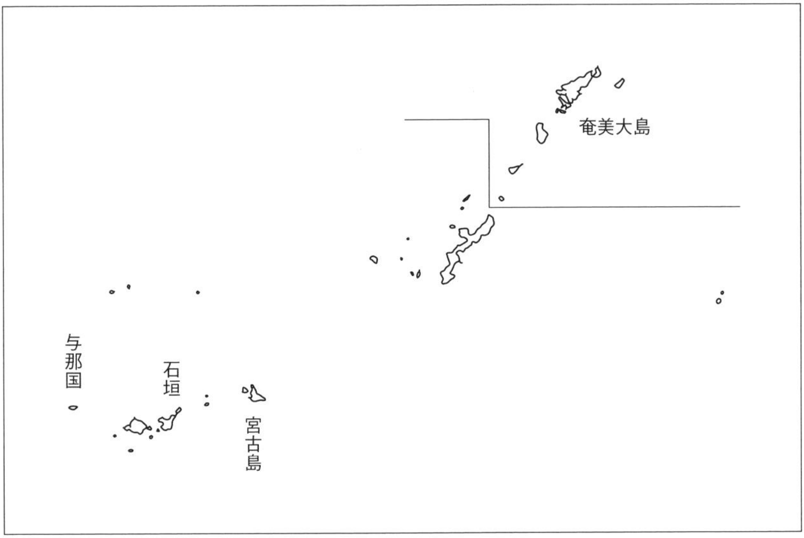

図 2-1　南西諸島（与那国～奄美大島）

衛隊の施設が配備された町内会・自治会など地域自治組織では，新たな住民としての隊員が加入し，具体的な交流を通して地域社会での新たな変化が生じている。

では，国家の政策として配備が推進される，これらの地域へは，どのような新たな負担が生じるのか。この負担という抽象的な概念は，どのように具体的な事実として整理できるのであろうか。社会学においては，これまで町内会・自治会の機能について，多くの指摘がなされてきた（菊池 1990; 玉野 1993; 鳥越 1994; 池 1996; 倉田 2000）。本章では，周辺の地域自治組織の機能を手がかりに，主にヒアリングに基づいてアプローチしたいと思う。こうした観点から見れば，これらの地域には，どの機能が新たに必要とされているのか。とりわけ本章では，早くに計画が実施された与那国と奄美大島の２つの離島に注目し，分析を試みる。配備後の状況から，常とは異なる状況における地域自治組織としての町内会・自治会の役割を通し，地元の負担を検討してみたい[1]。

方法は，各種文献，資料の整理に加え，地域社会の状況は，それぞれの町内会・自治会でのヒアリングを中心に整理した。各町内会・自治会については，報道などから明らかなので，名称を明示し，ヒアリングのおおよその時期等は記すが，対象者を特定する情報は，記述しないことにする。

2　地域自治組織の機能

冒頭で述べたように，町内会・自治会の機能については，これまでいくつかの分類がなされている[2]。こうした試みは，町内会・自治会の役割を明らかにする点で手がかりになると考えられる。それぞれ詳しく紹介する余裕はないが，なかでも最も多岐にわたる，菊池美代志の挙げる分類を取り上げてみよう。菊池は，まず大きく対内機能と対外機能に分類する。この対内機能のうち，(1) 生活充足機能として，①地域施設維持機能，②アメニティ維持機能，③危機管理機能を挙げ，(2) 地域統合機能として，①住民交流機能，②諸集団調整機能，③合意形成機能，④規範維持機能，⑤地域代表機能を挙げている。一方で，対外機能のうち，(1) 対コミュニティ機能として，①補完機能，②発展機能を，(2) 対行政機能として，①補完機能，②圧力機能，③参加機能を挙げている（菊池 1990: 223）。少し煩雑ではあるが，地域自治組織に必要な機能であるように思われる。ここでは，この分類を手がかりに，対象地域の負担について分析してみることにしたい。

事例の紹介に先だって，それぞれの町内会・自治会にどのような役割が増えるのか，まずは共通するところを，把握できる範囲で，整理しておこう。

第1に，配備についての構成員に対する報告，意見聴取，場合によっては賛否の議論などを行う必要がある。こうした内容は，他の事項と並列に済ますわけにはいかず，臨時で大会を開催しなければならない。もちろん，防衛省にとって，それは必須ではない。しかし，事例を見る限り，地元にとっては必須の事項であることが明らかであり，その点では，対内的には (2) 地域統合機能としての③合意形成機能に注力する必要があろう。ただ，対象地域により内容に差があったので，この点はのちほどの分析に委ねよう。

第2に，自治体や防衛省との交渉がある。説明会への協力は，場所の確保，日時の設定，構成員への周知，交渉先との調整，構成員内での調整，実際の実施などが必要である。また，提示に反対の場合，説明に不足を覚える場合，条件を提示する場合，それぞれの内容について調整し，伝達しなければならない。さらに，最終的には，地域としての見解を提示しなければならない。対内的には，地域統合機能としての⑤地域代表機能，また，対外的には，(2)対行政機能としての①補完機能，③参加機能，⑤地域代表機能が発揮されている。こちらも，対象地域により内容に差があったので，のちほど，もう一度触れたい。

さて，こうした共通する点を概観した上で，個別的な事情による内容を踏まえ，独自の状況を知るため，対象事例の経過を紹介しつつ，分析を進めたい。

3　与那国の概況

本節では，対象事例のひとつである与那国を対象に，経過を紹介しつつ，分析を行いたい。

(1) 配備の経緯

沖縄県八重山郡与那国町は石垣市から約 127 km の日本の最西端に位置し，台湾までは約 110 km の，国境に接する離島である。キビ，米栽培を中心とする農村地帯ではあるが，マグロ漁など漁業も盛んである。鉄道もなく，町営以外のバスもない。一周約 24 km の離島では，日常的には，とてもゆるやかな生活時間が経過し，そうしたなかでのんびりと仕事を進めるには理想的な場所かもしれない。実際に，数の多いＩターン者はそう答えてくれた。反対に，それらのＩターン者や，加えてＵターン者が島に，新しい文化を移入している様も見て取ることができる。

とはいえ，人口流入者よりも，人口流出者の方が多く，人口は，一時期約 1500 人まで減少する。個々の住民の意見はあったであろうが，財政を預かる与那国町では，島の人口的，経済的な活性化が課題となる。このころ尖閣諸島をめぐる報道も活発化し，軍事訓練が行われ漁が妨げられるというマイナス要因も加わった。こうした状況のなかで，議論が始まったのが，自衛隊誘致の議論である。

2008年に与那国防衛協会が防衛の観点から町民514人分の署名を添え，自衛隊誘致の請願書を町議会に提出し，賛成多数で決議された。そうした動きも受け，2010年12月に閣議決定された中期防衛力整備計画（2011〜15年度）では「南西地域の島嶼部に陸上自衛隊の沿岸監視部隊を新設し，配置する」と明記された。その後，町長選，町議会議員選で争点となってきたが，90%を超える投票率のなか，若干，誘致賛成派の票数が上回ってきた（藤谷2017)。2015年2月には住民投票を実施することになった。賛成派，反対派とも，投票当日まで横断幕，ポスターの掲示，会合，街頭演説，ビラの各戸配布，電話による働きかけなど活発な運動を展開した。賛成派は人口増，経済活性化，島の安全などを訴え，反対派は基地のない平和な島，レーダーによる電磁波被害などを主に訴えた。結果，632票対445票（投票率85.74%）で，誘致賛成派が勝利した。その結果も踏まえ，基地建設が着工され，2016年4月に陸上自衛隊与那国島駐屯地が配備された。

基地は南牧場の一帯に位置している。その南を走る県道は通行は可能で，馬の放牧もかつてより縮小したとはいえ，継続されていた。外部からいくつもの施設を目視することができる。また，祖納《そない》，比川《ひがわ》の集落からは見えないが，久部良《くぶら》の集落からは，レーダーを見ることが可能である。島内には，それぞれの集落に官舎が建設され，隊員も住民として公民館にメンバーとして加入している。

家族向けの官舎が祖納，調査（2019年8月）のときはまだ建設中であった久部良，同じく比川にある。調査当時は，祖納では18世帯がすでに入居しており，久部良，比川には，それぞれ10世帯程度が完成を待っている状況であった。また，空き家などに住んでいる隊員家族もあるということであった。

まず，2019年8月の公民館等でのヒアリングに基づき，地元の様子を紹介したい。島内には祖納，久部良，比川の3集落があり，祖納に3公民館，久部良，比川にそれぞれ1公民館があり，合計5公民館がある。調査では，対象者のご都合に応じ祖納の2公民館，久部良の公民館のそれぞれ館長，また，比川に在住のIターンの住民の方に話をうかがった。

(2) 与那国町状況

人口の増加，経済効果という駐屯地の配備における地域社会へのメリットを当時の町長が挙げた。こうしたメリットについて，地域自治組織の関係者は，どのような印象を持っているだろうか。

第1に，当時の町長が挙げたメリットのひとつである人口の増加から見ていこう。この点について，久部良のヒアリングでは，「自衛隊が来たからといって，戦争になるわけでもなく，人口が増え，子どもも増え，活気が出る」という話であった。また，比川でも「子どもは，幼稚園生5人，小学校13人，倍までいかないが，一桁増えた」。絶対的な人口増加は統計から明らかだったが，以前とは異なって集団で登下校する小学生の一団が目に付き，人口増加による活性化は，印象としてだが感じることはできた。

第2に，当時の町長が挙げたもうひとつのメリットとして経済効果がある。久部良では「公民館を運営しているから，活性化ということを考える。居酒屋などにも行っているのではないか」「業者などにも，需要がある」という話があった。ただし，この経済効果については，地域自治組織でのヒアリングでは十分に明らかにならず，印象にとどまる。

第3に，人口増加，経済効果以外に，どの地域でも強調されたのは，祭祀における人手の確保がある。久部良では「自衛隊が公民館に入って，古い人は2年になる。海神祭，豊年祭，運動会，まちりなど，大きな行事で，古い隊員が，若い人が何人必要か聞いて，基地の中の人を含め，10日ぐらい前から準備，掃除などに参加してくれる。普段着で，公民館のメンバーとして手伝ってくれる。島内一周マラソンでも，自衛隊のトラックで，水を補給し，ポイント，ポイントに水を用意するなど，協力してくれる。それを見て，（考えが）変わった人もいると思う」ということであった。また，祖納東でも「豊年祭で，見たことない人が最後まで，見様見真似で手伝ってくれているので，よかったなという感慨を持つ。宗派のこだわりはないと思う。地元の人も，違和感はない様子であった。太鼓も叩いてもらった。エイサーは，衣装や化粧で分からないが。私の見た範囲では，礼儀正しい」と好印象である。嶋仲でも「何かあるときは，声かけて，来てもらう。用事があると，半分ぐらいは，来てもらえる。16年からすぐに，豊年祭の作業や祭りに，また，陸上の選手としても参加する。若い人が少ないし，人口は少ないので助かる。豊年祭も，熱心に練習する隊員もいる」という。比川でも「運動会の準備など，楽になったであろう」ということであった。

その他にも，「駐屯地にある東側に体育館ができているが，これから運動場ができる。いま測量中だが，できれば，利用可能になる。急患が出た場合は，要請して石垣からヘリコプターが来ていたが，これからは自衛隊が連れて行ってくれるという話も出ている。1分，1秒でも，早いほうがよい」「(2019年) 6月頃に，田《た》原川《ばるがわ》の氾濫で，十分ではないが，自衛隊の手助けはあった」という話もうかがった。

では，自衛隊員との交流の様子は，どうであろうか。久部良では，「公民館としても，手伝ってもくれるので，いいことだと思う。こちらからも，遠慮しないでもいいし，手伝いはしなくてもよいので，イベントなどに顔を出してくださいといっている」「若い人の，都会の考え方が入ってくる。そういう話を聞いたり，質問したりできる。若い人も刺激になる」という話を聞いた。祖納東では，「向こうの隊長から，連絡員を紹介されて，必要なことがあれば，お知らせくださいと言われている」ということであった。

配備に反対していた人たちの様子は，どうであろうか。「反対していた人で，行事に来なくなったことはない。割り切っているのではないか」「最初は反対している人が多かったが，根強く反対している人は，この集落にはいない」「自衛隊の配備のしがらみで，親戚づきあいはどうなるのか，と思っていたが，比川では話題にすることがない[3]。よく見たら，あるんだろうが。生活はいっしょだから」というような話であった。わだかまりが一掃されたかどうかは不明だが，表立っての軋轢がある様子はうかがえなかった。

もちろん，すれ違いがないわけではない。「マラソン大会に隊員が出場し，中学生など住民が勝てない」「浜で訓練があり，告知は出されていなかった」「役場に基地の対策についての部署をつくってほしい」という話もあった。自衛隊も，それらの要望を受け，試行錯誤の様子であるということであった。

こうしたヒアリングのなかで，「議会で議論がいろいろあっても，公民館では，地区のことはやらなければならない」という，地域自治組織の使命が垣間見えた。また，「駐屯地に関しても，何か大きな害があったら，黙っていないで，自分の生活を守らないといけない」という今後の展望も聞けた。

(3) 集団性の維持

与那国では，住民投票を含む数年の賛否の議論の末に，駐屯地は配備され，新たな仕事が，かつてより増えている。

久部良では，自治体，防衛局との交渉，住民間での調整という負担は増えた。しかし，特に必要だったのは，住民の統合である。与那国の場合，地域自治組織の代表である公民館長の役割の中心は，地区，および与那国全体の祭祀の運営で，会合や準備，実施などに大きな負担がある。そうした状況において，自衛隊の配備で実施のための助力は得たものの次のような仕事が増えた。

第1に，賛否が分かれた住民に対して配慮するということがあった。住民の集まりは変わらないという。その意味で，住民における政祭の分離は行われている。しかし，賛否の話は出さないという配慮は必要になる。すでに援用した機能的分類によれば，隊員による祭祀等の活性化という面では，対内的には（2）地域統合機能としての①住民交流機能，（1）対コミュニティ機能としての②発展機能，に注力されている。一方で，隊員を含む住民同士の融和という意味では，対内的に（2）地域統合機能としての①住民交流機能，②諸集団調整機能，がとりわけ必要となっているといえる。

第2に，住民と自衛隊との関わりの調整が必要である。久部良地区では，行事に参加するなど，住民と交流するようにと声をかけることが行われていた。隊員が地域自治組織に加わることで，数年で異動をする隊員へのアドバイスが必要となる。また，与那国比川においては，自衛隊隊員の参加の是非が，住民のなかで話題になっているという話であった。そうした希望を，自衛隊に伝えるという役割がある。したがって，対外的には（2）対行政機能としての②圧力機能，が発揮されている。

第3に，配備後の自衛隊に対する要望，調整が必要となる。自衛隊があることによる個々人のクレームであるが，地域自治組織の会合で話し合われる。また，災害や緊急医療必要時の対応時の希望は伝える必要もあろう。さらに，比川地区では，自治体に対して配備後の新たな苦情の窓口設置の働きかけなどが必要だということであった。したがって，同様に，対外的には（2）対行政機能としての②圧力機能，が必要となるといえる。

このように，配備をめぐる共通した地域自治組織についての新たな仕事に加え，配備後の細かな調整についての仕事が，与那国では増えていることが明らかであった。

4　奄美大島の概況

本節では，もうひとつの対象事例である奄美大島を対象に，経過を紹介しつつ，分析を行いたい。

(1) 配備の経緯

奄美大島は，鹿児島の南，約 380 km にあり，平成の合併の末，いまは 5 市町村で構成されている。戦後，米軍統治時代を経て，1953 年に日本に復帰した。

2014（平成 26）年，奄美大島では奄美市大熊《だいくま》地区と瀬戸内町節子《せっこ》地区の 2 か所に陸上自衛隊の配備の要請があり，それぞれの市町村では受け入れを決めた。

奄美市大熊地区の候補地は，もともと市有地であったが，ずいぶん前にカントリークラブの増設時に売却され，さらにカントリークラブから防衛省に売却された。大熊の集落から山側へ約 2 km 上ったところにあり，2016 年から造成工事が始まった。説明会は，同年 6 月に防衛省主催で 1 回だけ，1 時間程度，候補地に一番近い大熊集落で行われた。市としては，あくまでも受け入れただけで，誘致したわけではないという。

一方で，瀬戸内町は，前々町長などが誘致を始めた。2011 年 9 月 1 日に，瀬戸内町海上自衛隊拡充及び陸上自衛隊誘致推進協議会が設立された。当会は地域の活性化，人口増などのために，誘致活動をしてきた。配備後，瀬戸内町自衛隊基地対策推進協議会に名称が変更された。この町では，強く反対する人は見られなかったという。説明会は，町主催が 5 回で，2014 年 8 月 18 日，19 日，節子地区・嘉徳地区，2015 年 9 月 1 日，節子地区・嘉徳地区，

11 月 25 日，節子地区。防衛省主催が 1 回で，2017 年 8 月 31 日，節子地区・阿木名《あぎな》地区。道路整備などの要望があったが，いずれの説明会でも，反対はなかったという。敷地は，すべて町有地で官舎は，個人の土地を売却し，65 世帯が入居し，施設のなかに単身者が，100 名ぐらい入居する。全体で家族を入れて 300 名ぐらいであるという。

以下では 2018 年，2019 年のヒアリング等の結果を基に，大熊地区，節子地区の様子を紹介したい。

(2) 奄美市大熊地区

大熊町は，奄美市の中心に近い古くからある漁村であったが，現在は住宅地になっている。人口は，約 1100 名である。2016 年に駐屯地配備の説明会が行われた。説明会では，開催時期が遅かったという苦情はあったが，大きな混乱はなかったという。自衛隊を迎え入れるために，2016 年に大熊自衛隊友の会をつくり，自衛隊出身者が会長を務め，会員は 30 名程度であった。その会則には，活動項目として「陸上自衛隊奄美駐屯地との連携」が挙げられている。3 月 15 日の歓迎会は，大熊町ではなく，防衛協会中心に，住民を集めて，老人クラブで小旗を持って，歓迎したという。自衛隊友の会は，4 月に発展的に解消し，いまは，青年団が隊員との交流を積極的に計画しているということであった。

こうした経緯を見ると，大熊町では，受け入れに積極的な様子がうかがえる。その理由として，地元の雇用創出，事業の増加などがあったという。また，徳洲会職員駐車場として貸与していた町内会の土地を隊員の職員官舎として提供することを申し出て，増収があったという点もある。

町内会での聞き取りでは，官舎に住む家族は，隣の町内会に所属しているが，駐屯地自体が大熊町にあるため，隊員の大熊町との交流は活発であるという。清掃，地区のスポーツ大会，戦没者慰霊会，グランドゴルフ大会，バーベキュー大会など，日曜のたびに何かある。門前の木の清掃を，自衛隊と協力して行った。作業が終わったら，草刈り機をきれいにして，後片付けをしっかりやり，ゴミは持ち帰る。瀬戸内町でのみなと祭でカヌー大会の練習をするので，自衛隊にカヌーを貸したこともある。とにかく早く仲良くなって，彼らも歓迎されて，喜んでいる様子であるという。

「自衛隊が来てよかったというようにしないといけない」ということであった。

(3) 瀬戸内町節子地区

節子地区は，瀬戸内町にある海岸線上の農村集落である。人口は，100名を切っていた。市街地から車で20〜30分かかり，高齢化が進むが，交通手段は路線バスしかない。かつてはあった小・中学校も，廃校になっている。きれいに整えられた民家が立ち並び，とても静かな集落である。

区での聞き取りでは，2014年，15年あたりから駐屯地配備の動きがあったという。決定地は，20年ぐらい前に，私有から町有地になっている土地で，違和感はなく，すんなりと説明を受けたそうである。反対に見える人もいないし，少なくとも反対だと言った人はいないということであった。

現地は，集落から見えず，音もしないので，マイナス点は明確ではない。一方で，設置に際して，地区が要望したのは，隣の集落へのトンネルである。道路は雨が降ると必ず被害が出るし，バス路線も廃止され，予約制になる。陸の孤島で，トンネルができると，近隣集落と近くなるし，高齢者も散歩できるということであった。現在，防衛省で検討が始まっているようである(2022年9月)。

交流は，祭祀を通じて行われている。勤めの人が多くなり休止していた。家内安全などの祈願のために，潮に浸かる浜下《はまお》れは，案内を隊長に出したところ，隊長を含め，30〜40人の参加があり，33年ぶりに復活したという。浜に降りて弁当を食べ，町から借りたボートでボート漕ぎをした隊員が，ゲーム感覚で，ルールを作って，楽しんでいた。楽しんでいるのは隊員，それを見て集落の人たちは楽しむ。豊年祭もできないかと考えているという。2022年9月に電話でうかがったところ，ここ1，2年は新型コロナウイルスの影響で中止になっているそうだが，収まり次第，復活したいという話であった。

その他にも，隣接と4集落で要望があるのは，草刈りだそうで，河川，海，道路の作業を，集落の費用で，昔から地元でやっていたが，どんどん過疎化して，高齢化でたいへんである。作業してくださいとは言えないので，お迎えして，楽しんでもらって，いっしょにできないかと考えているということであった。

(4) 国策の活用

このように，奄美大島では，反対はあったものの，受け入れは比較的スムーズであった。しかし，地域自治組織の新たな仕事は，そのことによって増えている。

まず，大熊地区では，官舎のために土地を売却した。これは，財政的な基盤を安定させるための行動ではあるが，それは新たに生まれた事業でもある。まず，これまでの財産の経緯を整理しなければならない。また，どのような提案をするのかを検討し，その提案の実現性がどの程度あるのかを，自治体など関係部局に問い合わせなければならない。さらに，その提案を構成員に提案しなければならない。その上で，提案を修正，場合によっては賛否を問う。大熊町では，すでに見たようにこの提案は頓挫せず，実現された。しかし，その実現のためには，市役所への打診，会誌での説明，総会での議論などの必要があった。したがって，対内的には（1）生活充足機能としての①地域施設維持機能，（2）地域統合機能としての①住民交流機能，③合意形成機能，に，また対外的には（1）対コミュニティ機能としての②発展機能，（2）対行政機能としての②圧力機能，に注力されたといえる。

また，節子地区では，条件の交渉があった。土地は町有地であるから，直接の利害はない。しかし，すでに述べた条件の提示などの調整が必要だったであろう。また，自衛隊を迎えての行事の開催も，地域の活性化にとって機能的であったとはいえ，そのための調整などの作業は生じてくる。さらに，地域までのトンネルを整備するよう働きかけている。こうして見ると，対内的には（2）地域統合機能としての①住民交流機能，③合意形成機能，に，また対外的には，（1）対コミュニティ機能としての②発展機能，（2）対行政機能としての②圧力機能，に注力されたといえる。

このように，配備をめぐる共通した地域自治組織についての新たな仕事に加え，配備後の細かな調整についての仕事が，奄美大島でも増えていることは明らかであった。

5　地域自治組織への影響

以上，与那国と奄美大島への陸上自衛隊駐屯地配備についての概要と，そのことによる地域自治組織の負担の内容を，機能的な面から分析した。こうした新たな仕事の増大は，受け入れにおける合意形成の状況によって，異なっている部分もあった。両者を比較しつつ，考えてみよう。

賛否の分かれた与那国では，とりわけ対内的には（2）地域統合機能としての①住民交流機能，（1）対コミュニティ機能としての②発展機能，が注力されている。一方で，隊員を含む住民同士の融和という意味では，対内的に（2）地域統合機能としての①住民交流機能，②諸集団調整機能，がとりわけ必要となっていた。同時に，対外的には（2）対行政機能としての②圧力機能が，自衛隊の組織に，また地域自治体に必要とされていた。

一方で，あくまでも相対的にではあるが，受け入れの許諾がスムーズであった奄美大島では，いままでのところ地域の発展のため，あるいは衰退の回避のため，配備が活用されていた。しかし，そのことのために，地域自治組織の負担がなかったわけではない。（1）生活充足機能としての①地域施設維持機能，（2）地域統合機能としての③合意形成機能，が増加し，対外的には（2）対行政機能としての②圧力機能，に注力されていた。

また，配備への賛否が分かれた久部良公民館では隊員住民との関係を取り持つ配慮が必要であり，（1）②の諸集団調整機能に腐心されている様子がうかがえた。一方，配備により所有地の売却した大熊町内会では，公民館の改修が可能になり，（1）①の地域施設維持の機能が生じ，大熊町内会，節子自治会の両会では，配備についての（1）③の住民内の合意形成が必要であった。

もちろん，駐屯地が地域に配備されることによって，また，自衛隊員が地域自治組織に加入することによって，祭祀の継続など，地域の活力の維持がなされている面は存在する。その調整は，地域への新たな加入者と旧住民との間の普遍的な課題ということもできる。しかし，配備がなければ，これらの仕事はなかったことも事実である。それらの仕事への慣れ親しみの過程は，自衛隊配備についての是認への過程でもあることは確かである。そうしたメリット，デメリットのうち，デメリットの部分を少なくしていくべきであることはいうまでもない。

このように配備による地元の負担は，機能的に分析できる。その結果は煩瑣であり，自衛隊配備をめぐる事例の状況を必ずしも明瞭化するものではない。とはいえ，**2**で述べたような対内的な合意，また対外的な調整が必要なことを共通して確認することができる。それは，受け入れの許諾について相対的にスムーズであったかどうかにかかわらず生じた負担であろう。他方で，それぞれの事情による新たな仕事もいくつも生じていた。たとえば，賛否の割れた与那国では軋轢への配慮に，また，土地の売却を行った大熊町では合意形成に，交通の確保の必要な節子区では防衛局等との交渉に，時間が割かれていた。

確かに，こうした分析は地味ではある。また，このような地味な分析だけでは，配備の是非についての議論を踏み込むことはできない。とはいえ，配備の成否を論ずることもさることながら，地元で現実的に増えている仕事，あるいは負担，などを客観的に，具体的に記述しておくことは重要である。今回の分析では，いずれの対象事例においても，地域自治組織の働きで地域の活動等が維持はされていた。しかし，もし，これらの機能が十分に発揮されなかったとしても，それは地域自治組織に原因があるわけではなく，自衛隊配備がその原因であることは指摘しておく必要があろう。

6　得られた知見

本章では，与那国と奄美大島を事例に，南西諸島の陸上自衛隊駐屯地配備による地元地域自治組織の変化を，その機能の観点から検討した。事例に共通して，地域の合意形成，説明会等での調整，受け入れ条件の明示，地域の意見の表明等の新たな仕事が必要であった。さらに，賛否が割れた与那国では，そうした負担に加え，隊員を含む住民同士の融和にとりわけ配慮する必要が生じている。また，奄美大島では，地域の発展に寄与するための内部的な合意形成，また自衛隊員との交流等に注力する必要があった。このように配備における経過の違いがあったが，地域自治組織の負担は増加していた。本章の分析で，国家の政策による配備によって，地元への影響が具体的に明らかになっている。

付随的な収穫は，町内会・自治会をひとつの事態に関して機能的な面から分析することで，対象とした組織が，日々，どのような役割があり，どのような仕事があるのか，整理された形で改めて知ることができた点である。今後，さらに他の地域との比較を進めていきたい。まず南西諸島では，新たに配備が計画されていた石垣では，市民団体を交えての対抗が課題となっていた。また，宮古島では，誘致を容認した市長が駐屯地の用地買収の関係で逮捕され，新たな市長に代わっている。こうした現地の状況を踏まえ，本章での与那国，奄美大島の分析と比較しつつ，離島における負担を整理する必要がある。駐屯地配備の反対に奔走していた石垣のある公民館長は，「こんなことがなければ，息子の将来について，もっと考える時間があったのに」と嘆いていた（2019 年 9 月）。もちろん，これは当人の個人的感慨ではあるが，地域内での年齢的な順番として回ってくる地域自治組織での担当業務の増大についての嘆きでもあり，駐屯地配備地の公民館への影響の大きさを間接的に語っているだろう。

(1)　いうまでもなく地域自治組織の活動は，地域社会の状況とイコールではない。一方で，事例とするいずれの地区も加入率が 9 割を超えている。したがって，地域自治組織の対応を見ることから，地域社会自体への影響を推察することが，ある程度，できるであろう。さらに，地域代表機能の面から，擬似的にではあるが，地域自治組織の状況を参考に，地元の負担を考えてみたい。

(2)　玉野和志は都市の町内会の事例で，地域自治組織の「共同防衛」機能を見出す（玉野 1993: 184 - 186）。また，池周一郎は親睦機能（運動会・祭礼・慶弔），共同防衛（防火・防犯・清掃等），環境整備（下水・街灯・道路の管理・維持），の 3 機能を用い，コミュニティについて分析し（池 1996），倉田和四生は，地域自治組織に抵抗の核という機能を見出す（倉田 2000: 74）。後に，菊池美代志はその機能を「問題対処，環境・施設維持，親睦の「三つの機能」につきるといってよい」（菊池 2002: 69）と述べている。

(3)　配備以前の賛否の議論を蒸し返すことはないという意味であって，必ずしも，住民は自衛隊に対して，何も言わないわけではないということであった。たとえば，比川では，公民館でも集会等で反対意見は活発に出るという。

■参考文献

藤谷忠昭，2012，「地域におけるナショナルなもの――与那国の対外戦略」『変貌する沖縄離島社会――八重山にみる地域「自治」』ナカニシヤ出版，39－56。

―――，2017，「沖縄の地域社会と自衛隊」『相愛大学研究論集』33：19－32。

―――，2020a，「地域社会における記憶の集合性――宮古島の自衛隊配備と記憶論」『人文学研究（相愛大学人文学研究会）』4：1－16。

―――，2020b，「共同性の物質的条件――沖縄市の郷友会と嘉手納基地」『米軍基地と沖縄地域社会――沖縄の地域自治組織1〈北中部編〉』ナカニシヤ出版，71－87。

―――，2023，「住民投票における自由記述の可能性――与那国町への自衛隊配備を巡って」『相愛大学論集』39：45－58。

池周一郎，1996，「コミュニティの諸機能に関する分析」『日本都市社会学会年報』14：125－140。

菊池美代志，1990，「町内会の機能」『町内会と地域集団』ミネルヴァ書房，217－238。

―――，2002，「町内会とは何か」『帝京社会学』15：63－101。

倉田和四生，2000，「コミュニティ活動と自治会の役割」『関西学院大学社会学部紀要』86：63－76。

玉野和志，1993，『近代日本の都市化と町内会の成立』行人社。

第3章
伊江島における基地問題の歴史と現在

猿渡 壮

1　基地のある離島

伊江島《いえじま》は，沖縄本島北部の本部半島から北西約 9 km にある離島である。行政的には国頭《くにがみ》郡に属し，一島で伊江村を構成する。島の周囲は 22.4 km，面積は 22.8 km^2 であり，島の中央東側には標高 172 m の城山がそびえる。タッチューの愛称で親しまれ島のシンボルとなっているこの山を除くと，島のほとんどは平地であり，南から北に向けて高くなる緩傾斜の地形が続く。島の就業者の 33%が農業に従事し，一面には赤褐色の広大な農地が広がる。全国の農業者比率が 3.1%，沖縄県全体でも 3.6%であることを考えれば[1]，伊江島がいかに農業に支えられた島であるかがわかる。島には小学校が 2 つと中学校が 1 つあり，高校はない。そのため子どもたちのほとんどは高校入学と同時に島を出ていくことになる。2023 年 3 月現在，2271 世帯 4355 人がこの島で暮らしている。

島には 8 つの行政区があり，これが住民の地域生活の基本的な単位となっている。すなわち，東江上《ひがしえうえ》区，東江前《ひがしえまえ》区，阿良《あら》区，西江上《にしえうえ》区，西江前《にしえまえ》区，川《かわ》平《ひら》区，真謝《まじゃ》区，西崎《にしざき》区である（**図 3-1**，**表 3-1**）。島の西側，真謝区に隣接するエリアにはアメリカ海兵隊の演習場が立地し，この演習場を含め島の総面積の 35.2%は米軍基地・伊江島補助飛行場の軍用地である。一般的に軍用地はフェンスなどで囲まれ住民の立ち入りは制限されるが，伊江島の場合はフェ

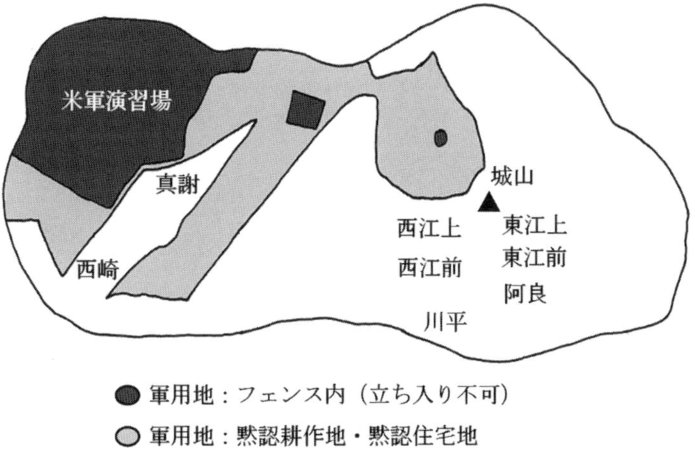

図 3-1　軍用地と行政区

表 3-1　行政区別の人口と世帯数

	人口	世帯数
東江上	707	380
東江前	738	396
阿良	448	255
西江上	608	307
西江前	484	247
川平	802	399
真謝	150	76
西崎	418	211
計	4,355	2,271

（出所）住民基本台帳（2023 年 3 月）

ンスがあるのは演習場などの一部区域に限られ，それ以外の区域は住民が自由に立ち入ることのできる黙認耕作地および黙認住宅地となっている。

本章では，米軍基地のある離島，沖縄県伊江島の基地問題の歴史を概観する。その上で，しばしば沖縄の縮図とも形容される伊江島において，基地の存在が地域社会にとっていかなる意味を持つかについて考えたい。

2　飛行場建設と伊江島戦

(1) 日本軍による土地接収と飛行場建設

伊江島における基地の歴史は，太平洋戦争下の 1943 年，日本軍がこの地に飛行場建設を開始したことに始まる。マリアナ諸島などに展開された前線の航空部隊を支援するため，沖縄を中心とした南西諸島各地の基地化が構想されるなか，平坦な土地が続く伊江島は「陸軍航空本部がまっさきに目をつけた島」（大城 1999: 99）となった。1943年の夏頃，陸軍航空本部の少佐および将校数名が村役場を訪れ，飛行場設定への協力を要請。以降，用地接収と建設作業が進められていく。

このとき日本軍に接収された土地は全耕地の2割とも言われる（伊江村史編集委員会編 1980: 下巻 402）。県の調査によると，接収された土地の旧地主206人のうち，9割近くにあたる180人は地代や補償金を受け取っておらず，なかには売買契約が交わされたことさえ知らない地主もいたという（沖縄県総務部総務課 1978）。飛行場の設定は軍と國場組の指揮のもとで進められ，実際の作業は島内および国頭郡を中心とする県内各地から集められた徴用労務者によって行われた。軍が定めた「労務者取扱に関する規定」には，1回の徴用期間は概ね10日から1か月間，作業は1日11時間とあり（沖縄県教育庁文化財課史料編集班編 2012），本格的な機械もないなか，モッコやツルハシを使った作業が連日続けられた。

> 作業中は部隊の監視がきびしく，少しでも油断するとすぐ叱声がとんできた。作業を怠けたといって見せしめに，馬にひきづ《（ママ）》らせていためつけ，とうとう死亡させるという事件も発生した。腹痛で休んでいた徴用者が，仮病とみなされて半殺しになるまで殴られるという事件もあった。（伊江村教育委員会編 1999: 49）

こうした軍の横暴に加えて，島内外からの徴用者たちを苦しめたのが水不足である。河川がなく，保水力の低い珊瑚石灰岩土壌の伊江島では，飲料水は雨水や数か所の井戸，断崖の崖下にある湧き水（ワジ）などに頼るほかなかった。そのため干ばつ期に来島する旅人は古くから「水マドシ者」（水を浪費する困った者）と呼ばれ，歓迎されなかったという（伊江村史編集委員会編 1980: 上巻 511）。このように従前から水不足という離島苦を抱えていた土地に，1日平均2500人ともいわれる徴用労務者が動員されることとなり，水の確保は困難を極めた。井戸での水汲みは回数が制限され，夜通し並んで「石油缶《（ママ）》の2個ぐらいの水を一日がかりで待っていた」ような状況であったという

（出所）沖縄県公文書館所蔵。

図 3-2　破壊痕の残る伊江島飛行場

（遠藤編 2000: 200）。伊江島における飛行場の建設作業は，こうした過酷な状況のもとで進められていったのである。

(2) 伊江島での戦闘

基地建設が進められたことによって，伊江島は，日本本土爆撃に向けた拠点確保を目指す米軍の標的にもなることとなった。そのため日本軍は，城山周辺に塹壕をはりめぐらせて要塞化し，島中に地雷を敷設し来るべき米軍の上陸に備えた。また島では「軍官民合同警備演習」として米軍上陸を想定した訓練が事前に実施されており，そこでは一般住民にも挺身奇襲作戦を実行する役割が与えられていた（林 2001）。伊江島での戦闘に関する米軍の記録には次のようにある。

> 伊江島では慶良間の場合とちがって，日本軍は多数の民間人を戦闘員として使っていた。なかには乳呑み児を背負った婦人もいて，こういう人たちが斬り込み隊に加わり，みずから死ぬと知りながら米軍陣地に突撃し，日本軍の塹壕や洞窟陣地の防衛に一役買って出たものもいた。
> （Appleman et al. 1948 = 2006: 167）

民衆が犠牲となるこうした戦闘が，伊江島では「当初から企図され訓練されていた」（林 2001: 91）のである。「一日でも長く飛行場の占領を妨害し，たとえ，われわれは伊江城山の麓に屍を晒すとも，これにより沖縄本島友軍の作戦に裨益せん」（防衛庁防衛研修所戦史室編 1968: 388 - 390）。伊江島地区隊長のこうした訓示からもわかるように，戦闘は米軍の進攻を遅らせるためのものでしかなく，占領は時間の問題であった。1945 年 3 月，当時「東洋一」と称された伊江島飛行場は，米軍に占領され使用されることを恐れた日本軍に

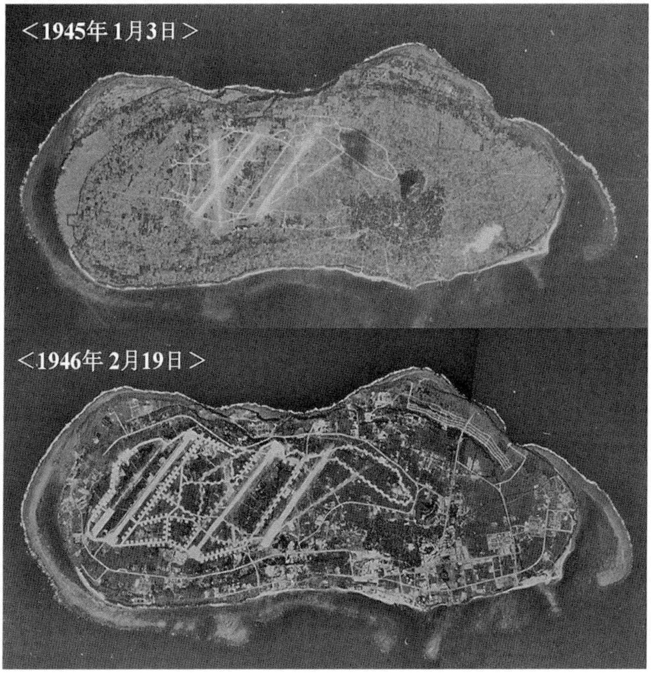

（出所）国土地理院所蔵。1946 年の写真は，同日に撮影された 2 枚の写真を合成して作成した。

図 3-3　日本軍による破壊前と米軍による修復後の伊江島飛行場

よって破壊が命じられた（図 3-2）。

それからおよそ 1 か月後の 4 月 16 日，飛行場の奪取を目指した米軍が伊江島に上陸。日本軍との間で激しい戦闘となり，島民約 1500 人，日本兵約 2000 人が死亡し，島内のすべての住家が焼失した。

(3) 飛行場の修復と長期の収容生活

伊江島を占領後，米軍がまっさきにとりかかったのは日本軍によって破壊された飛行場の修復・拡張作業であった（図 3-3）。

掃討戦がすむとともに基地建設工事がすみやかに行われた。最初は敷設

> 地雷が無数にあったため，なかなかはかどらなかったが，工兵隊の迅速な作業で飛行場が修理され，滑走路がつくられた。民間人は慶良間列島の渡嘉敷島に移された。
>
> こうして，基地作業ははかどり，5月10日までには，一戦闘機大隊が伊江島に基地をもつようになったのである。予想にたがわず伊江島は，沖縄戦や日本本土攻撃に理想的な基地となった。（Appleman et al. 1948 = 2006: 178 - 179）

その後，この「理想的な基地」から出撃した米軍機は，本島南部の摩文仁《まぶに》の集落を焼き尽くし，熊本，水俣，宮崎，都城といった九州の町を焼け野原にすることとなる（林 2018）。

一方，伊江島での激戦を生き残った約2100人の島民は，米軍による飛行場建設のために島を追われることとなった。沖縄戦が続く1945年5月，400人が慶良間島の収容所へ，1700人が渡嘉敷島の収容所へ強制移動となり，約1年の収容生活を経た後，再度の移動命令により1100人が本部町へ，1000人が今帰仁《なきじん》村へと移動させられた。また，伊江島が戦場になる前に今帰仁村などに疎開していた約3200人の島民は久志《くし》村に収容された。いずれも収容生活は計2年近くの長期に及び，最終的に島民が帰村を果たしたのは1947年3月のことであった。

3　土地接収と基地との闘い

(1) 不発弾の残る島で

帰村した島民が目にしたのは，すべての家屋が焼失し，一木一草すらなくなった島の姿であった。島には東・中・西の3つの飛行場が建設されており，真っ白いコーラルが敷きつめられ拡張された道路の上を米軍車両が往来していた。砲爆撃と米軍施設の構築という「二重の破壊」（鳥山 2013: 2）によって変わり果てた島を前に，ある者は茫然自失となり，ある者は自分の島ではないどこか別の米軍基地に連れてこられたかのような錯覚を覚えたという。伊江島の戦後は，まさしく「戦場から地続きとなった時間」（鳥山 2013: 3）として始まろうとしていた。

激戦地となった島にはおびただしい量の不発弾や不使用弾が残されており，生活の再建を試みる住民の命をたびたび脅かすこととなった。帰村からまもない1947年5月には早くも住民が犠牲となる事故が発生しており，城山中腹で砲弾が爆発し6名が死亡している。このような不発弾がらみの事故は当時沖縄の各地で頻発していたが，なかでも戦後最大規模となったのが伊江島で起きた米軍LCT爆発事故であった。1948年8月6日，島外に移出する125トンの砲弾を積んだ米軍の爆弾輸送船が荷崩れを起こし港で爆発。ちょうど本島からの連絡船が到着したタイミングと重なり，迎えに出た人で波止場が賑わっていたこともあり，107人もの住民らが死亡することとなった。伊江島の人びとが帰り着いたのは，さながら「砲弾の島」と化した故郷であった（謝花 2022）。

(2) 米軍による土地接収

こうした凄惨な事故を伴いながらも，帰島後の住民は農業を基盤として徐々に生活を再建していった。しかし冷戦の激化と朝鮮戦争を背景に，アメリカは沖縄における基地使用を本格化させ，伊江島の地域生活にはまたも暗雲がたちこめることとなる。

1953年4月，米国民政府は土地収用令を公布。戦後に居住や耕作を認められた土地であっても，必要な場合は米軍による強制接収が可能となった。さらに1954年3月には，16年6か月分の軍用地料をまとめて支払う「一括払い」方針が発表され，アメリカによる実質的な土地の買い上げにつながることへの危機感が沖縄中に広がることとなった。

こうした基地恒久化に向けた動きと前後して，米民政府は伊江島の西側を射爆演習場として使用することを決定し，1953年，真謝区と西崎区の2区に対して立ち退きを通告した。1954年6月，演習場建設のため真謝区・西崎区の4戸が実際に立ち退きになり，工事が完了すると爆撃演習が開始された。さらに同年9月には，150万坪の土地接収と民家152戸（真謝区の全78戸と西崎区の約半数にあたる74戸）の立ち退きが村に通告された。

住民は米民政府や琉球政府に対して立ち退きの見直しを求めて陳情を繰り

返したが，西崎区が立ち退き計画から外されるなどの計画の縮小こそあったものの，米軍の強硬姿勢を変えることはできなかった。米軍は当時，沖縄の人びとの生殺与奪を握っていたといっても過言ではなかった。反米的とみなされることの恐怖が人びとを支配する中，立ち退きを拒み米軍の方針に反対を続ける真謝区の住民たちは徐々に孤立していく。しかし，米軍が住民に対して提示した立ち退きの補償はあまりに不十分なものであり，真謝区民は生きるために立ち退きを拒み続けるほかなかった。

計画の見直しに向けた住民たちの請願が続くなか，米軍は剝き出しの暴力に訴えて住民排除を強行する。1955 年 3 月，完全武装した米兵約 300 人が伊江島に上陸。着剣した兵士が周囲を固めるなか，真謝区の農家 13 戸の住家がブルドーザーで破壊されたり焼き払われたりした。これにより 13 家族 75 名は米軍が用意したテントでの雑居生活を余儀なくされ，81 戸の耕作地約 100 万坪が米軍によって接収されることとなった。

(3) 真謝と西崎

接収の標的となった真謝区や西崎区は，伊江島のなかでもとりわけ周辺に位置する集落であった。これらの地に入植が始まったのは 19 世紀末から 20 世紀初頭にかけてであり，戦後に独立した行政区となるまで真謝区は西江上区に，当時「山々」と呼ばれた西崎区は西江前区に属していた(2)。西崎区の字《あざ》誌には，「朝な夕なに星影を踏み，道なき道を道として人里離れた未開の荒野に挑んだ先人達の血と汗と涙の代償がかけがえのないこの山々部落である」と集落の来歴が記されている（西崎区誌編纂委員会編 1997: 3）。真謝も西崎も，島内外からの入植者が苦労の末に開墾してできた後発の開拓部落であった。

こうした真謝や西崎の土地に米軍が目をつけたのは，核兵器の投下訓練などを実施する演習場としてこの地を利用するためであった。当時アメリカは，対抗するソ連を牽制しつつ軍事費を抑制するという困難な要求に直面しており，その実現のため，核兵器を活用した防衛戦略を重視していた（松岡 2019）。そして，模擬爆弾を使った核投下訓練を含む空対地型演習のための演習地として選ばれたのが，他ならぬ伊江島であった。米軍の記録には，伊江島が演習場に選ばれた理由について，「必ずしも理想的な場所だったわけではないが，沖縄本島では，人口が密集していて土地代が高くつくことから妥協せざるを得なかった」ことが記されている（松岡 2019: 28）。沖縄の離島である伊江島。その中でもさらに周辺に位置する真謝と西崎が，結果的に最も安上がりな土地として接収の標的となったのである。[3]

(4) 農民たちの闘い

住家と土地を奪われた真謝の住民たちは，米軍に対して補償や土地の返還を訴え，琉球政府前での座り込みと陳情を繰り返した。日本本土には区民の窮状を訴える手紙を書き送り，島では誤爆されることのないようのぼりを立てながら，演習場内で耕作を敢行した。米軍は演習場で耕作するための通行許可証を住民たちに持たせようとしたが，真謝の人たちはそれを拒んだ。通行許可証を受け取れば，米軍の土地使用を認めたことになる。追い込まれた住民たちの必死の抵抗であった（阿波根 1973）。

米軍は住民への生活補償を打ち切るよう琉球政府に命じ，演習により山林や原野を焼き，耕作中の農民らを暴行した上で 80 数名を不法侵入のかどで逮捕するなどした。こうした状況のなか，1955 年 6 月には陳情による疲労と栄養失調により 4 人の子を持つ母親が死亡している。土地接収による最初の犠牲者であった。さらに同年 12 月には，6 人の子を持つ母親が餓死。住民らの要請で名護保健所から往診に来た医師の診断書には，おびただしい数の栄養不良者が記録されており，そこには幼児たちの名前も含まれている。[4] 真謝区の闘争を牽引した阿《あ》波《は》根《ごん》昌《しょう》鴻《こう》は，「全区民が，餓死寸前におかれていました」と当時の状況を振り返っている（阿波根 1973: 122）。農民たちにとって，立ち退きを強制されることは，生存そのものを拒否されるに等しい経験であった（萩野 1962）。1955 年 7 月，米軍は演習場内での耕作をやめさせるため，35 万坪の土地にガソリンをまき 3 日間かけて耕作物や樹木を焼き尽くした。

万策尽きた真謝の住民たちは，ついに乞食になる決心をする。托鉢をしながら島内および県内各地を行脚する「乞食行進」の始まりである。

乞食（乞食托鉢），これも自分らの恥であり，全住民の恥だ。しかし自分らの恥より，われわれの家を焼き土地を取り上げ，生活補償をなさず，失業させ，飢えさせ，ついに死ぬに死なれず乞食にまでおとし入れた国や非人間的行為こそ大きい恥だという結論にいたりました。乞食になったのではなく，武力によって乞食を強いられているのであります。(阿波根 1973: 126)

乞食行進は本島南部の糸満から北部の国頭にまで及び，半年間にわたって断続的に続けられた。そして各地で伊江島の窮状を訴える真謝区民たちに対して，県内外から支援が寄せられるようになっていった。

伊江島での土地接収よりも以前に，沖縄では各地で立ち退きや接収が相次いでいた。戦時中の軍事接収に続く，いわゆる第2次土地接収の波である(来間 2012)。1953年には読谷《よみたん》村の楚辺《そべ》と渡具知《とぐち》，真和志《まわし》村の安謝《あじゃ》と銘苅《めかる》，小《お》禄《ろく》村の具志で立ち退きや武力による住民排除が行われ，伊江島の接収と同時期の1955年3月には，宜野湾市の伊佐浜で接収により反対住民が強制退去させられていた。またこの時期，米軍支配による受苦は接収された地域にとどまらず沖縄中に広がっていた。闘争資金の寄付とともに真謝区民のもとに届けられた手紙には，次のようにある。「みなさんの土地防衛の闘いは，みなさんの死活を決っ《(ママ)》する闘いであるばかりでなく，アメリカの占領下におかれている全沖縄県民の苦しみをはねのけるための最先端の闘いです」(阿波根 1988: 79)[5]。このように，県内各地から真謝の住民たちに寄せられた支援は，アメリカ支配と軍事基地がもたらす苦しみの共有によって生まれた，連帯の表明であった。そしてこの「共苦による連帯」は，やがて全沖縄をあげた島ぐるみ闘争へと発展していくこととなった。

4 「闘い」から「共存」へ

(1) 島ぐるみ後の闘い

いわゆる四原則貫徹（一括払い阻止，適正地代，損害賠償，新規接収反対）を掲げた島ぐるみ闘争は，1958年末，軍用地料の引き上げ，5年ごとの地料見直し，原則毎年払い（一括払いの撤回）などの成果をもたらし，一応の終息をみた。しかし，これらはあくまで基地の存在を前提とした上での経済的成果というべきものであり，基地そのものからの解放をもたらすものではなかった。伊江島の人たちの基地をめぐる苦難はその後も続くこととなった。

1959 年には，耕作地に落とされた爆弾をスクラップにするために解体作業をしていた真謝区の青年 2 人が爆死。米軍が落とす爆弾の解体は，強制的に土地をとられた住民たちの数少ない生活手段のひとつであったが，アメリカ側はこれを「自業自得の死」（松岡 2019: 183）と認定し，一切の補償を行わなかった。また 1961 年には，真謝区の青年が草刈り中に実弾演習の弾に当たり死亡する事件も起きている。

ベトナム戦争中は，伊江島での射爆訓練が最も激しく行われていた時期であり，耕作や爆弾拾いの最中に住民が被弾し重傷を負う事件が多発した。演習によって耕地が焼かれることもしばしばであったが，それにとどまらず，1973 年に米軍は農地に枯れ葉剤の散布を行っている。当時，出生異常との因果関係を立証した科学報告がリークされたことにより，アメリカはベトナムでの枯れ葉剤の使用を禁止していた（ミッチェル 2014）。しかし伊江島においては，住民たちの耕作への意志を挫くために，「明らかに民間人を攻撃する目的でそれは使用された」（ミッチェル 2014: 134）のであった。

こうした受難の中，住民たちによる基地との闘いは粘り強く続けられていた。1966 年，米軍によるナイキ・ミサイルの配備計画が持ち上がると，ミサイル持ち込みに反対した住民たちは座り込みを開始。はじめは真謝区・西崎区の住民の行動であったが，座り込みは村中の住民へと広がり，ついには米軍によるミサイルの持ち込みを阻止した。

真謝では住民相互の学習活動にも力が入れられていた。これからの基地との闘いは実践だけでなく，理論や思想が，阿波根昌鴻の言葉を借りれば「“哲学入門”が必要だ」（阿波根 1973: 183）との思いからであった。その一環として，島の青年たちを東京の中央労働学院に送り出し，10 か月の間そこで学ばせた。また 1970 年には，島での学習や闘いの拠点とするため，演習場の入り口付近にコンクリート造りの「団結道場」を建設した（**図 3-4**）。道場の壁に掲げられたメッセージはいたってシンプルである。「土地を返せ　ここは私たちの国　私たちの村　私たちの土地だ」。

（出所）筆者撮影。

図 3-4　団結道場

(2)「共存」へ

以上のように，伊江島では真謝区の住民を中心として，粘り強い基地との闘いが続けられた。しかしその後，島はむしろ基地との「共存」を図る方向へとシフトしていった。

1976 年の日米安全保障協議委員会において，代替地を提供することを条件に伊江島補助飛行場の全面返還が合意された。これと前後する時期には，村当局もたびたび基地の全面返還を要請していた（伊江村議会史編纂委員会編 2002)。しかし 1982 年，伊江島軍用地主会は基地の継続使用を県に要請。1985 年には，地主会は全会一致の決議のもと再度継続使用を要請し，県との間で地元の意向に配慮することが確認された（沖縄県知事公室基地対策課編 2018)。「軍用地料や基地周辺整備資金などを含めると，年間 10 億から 11 億円の基地関連収入があり，今返還されては困る」(伊江村史 2 編さん委員会編 2008b: 114)。返還不安を訴える軍用地主の声が相次ぎ，継続使用を要請するに至ったのであった。

1989 年になると，ハリアー機の訓練場設置問題が浮上した。この時期，米軍は国頭村安《あ》波《は》地区に垂直離着陸機ハリアーの訓練施設建設を計画したが，国頭村民および県民から強い反対にあい計画が中断していた。その代替地として候補に挙がったのが伊江島だった。

報道でそのことが明らかになると，村議会はハリアー・パッド訓練に伊江島補助飛行場を使用することへの反対決議を一度は可決した。しかし防衛施設局から伊江島補助飛行場の暫定使用を正式に要請されると，当時の島袋清徳村長は議会や地主会などとの協議の末，条件付きで受け入れることを決定する。受け入れを決断した島袋村長は「国，米軍はハリアー・パッドがつくれなければ伊江島補助飛行場はもはや利用価値がない。返還するまでだ，と言ってきた。年間 7 億円の軍用地料をはじめ，基地収入は村財政の約 4 分の 1 を占めている。いま返還されると，村経済は大きな打撃を受けることに」なるという考えであった（伊江村史 2 編さん委員会編 2008b: 159）。米軍基地の継続使用に向けた，ハリアー訓練の受け入れだった。村が提示した受け入れの条件は，当初案より集落から離れた位置に移設場所を変更することに加え，黙認耕作容認などの現在の地元関係の維持，特定防衛施設周辺整備調整交付金の増額，大型農業溜め池などの灌漑施設の建設といった地域振興策の推進であった（伊江村史 2 編さん委員会編 2008b: 158）。

基地に隣接する真謝区や西崎区も，もはや一枚岩の反対運動を展開することは難しくなっていた。黙認耕作地の地主が多数いるのはいうまでもなく，米軍用地の上に建つ黙認住宅も真謝区で 45 世帯，西崎区で 70 世帯に及んでおり，それらから得られる軍用地料は日本復帰とともに大幅に値上げされていた。ハリアーを受け入れれば基地被害の可能性がある真謝区や西崎区においてさえ，基地が返還されることの不安は着実に浸透していた。

村が受け入れを表明した翌年，伊江島で本格的なハリアー訓練がスタートした。その直後，伊江島での訓練を終えたハリアー機は伊平屋島方面の海上に墜落した。民家付近の飛行や夜間訓練はしないという米軍側の約束も守られなかった。1985 年に軍用地主会が基地の継続使用を要請した際，地主会は，①基地機能を拡大しないこと，②基地公害および危険防止について万全の対策を講じることの 2 つを基地継続の条件としていたが，ハリアー・パッドの受け入れは，これらがいずれも実際には満たされないという現実を浮き彫りにすることとなった。そして 1991 年，ハリアー受け入れの見返り事業として，村に45億円の予算措置を講じることが決定された。

さらに1999年には，読谷村で実施されていたパラシュート降下訓練の伊江島への移転が防衛施設局から要請された。1960年以降パラシュート訓練が実施されてきた読谷村では，演習で投下されたトレーラーに少女が圧殺される事故をはじめ，民間地へのパラシュート降下ミスが相次いで起きており，住民による反対運動が続けられていた。その結果，1996年に承認されたSACO（沖縄に関する日米特別行動委員会）最終報告にはパラシュート訓練の伊江島への移転が盛り込まれ，これに基づき伊江村への移転要請が行われたのであった。パラシュート降下訓練は以前から伊江島でも実施されており，住宅や耕作地への降下ミスもたびたび発生していた。しかし村は，今回も条件付きで受け入れを表明した。そして移転の条件として，SACO特別交付金の支給，多目的ホールの建設，産業廃棄物最終処分場の建設が提示された。

(3) 偏在する受苦と受益

基地との共存に舵を切った伊江島では，基地関連予算により様々なインフラ整備が可能となった。レストランや特産物販売所，ホールなどから成るターミナルの複合施設，透析センターを備えた村立の診療所，全面人工芝の野球場，多目的屋内運動場，ゴルフ場，農業用溜め池などである。これらは，危険施設の受け入れにあたって地元の合意をとりつける目的で与えられる「補償的受益」（船橋 1998; 2012）という性格を持つ。伊江島は，水の不足，医療設備や医師の不足，娯楽の不足といった離島苦を，この補償的受益によって解消しようとしてきた。こうした受益に関して，ハリアーやパラシュート訓練の受け入れを決断した元村長の島袋清徳は，「皆さんが嫌がる米軍基地を受け入れた当然の権利ですよ」と述べる（『西日本新聞』2021年4月22日付朝刊）。前述のとおり，伊江島が受け入れを決めたハリアー機やパラシュートを使用した訓練は，他地域で反対にあい実施が難しくなっていたものである。元村長の発言にあるのは，「受け入れに伴う受苦の代償として，村には受益の権利がある」という，いわば当然の考えである。

しかしこの「受苦の代償としての受益」は，村ではなく集落という単位で見るならば，成立しているとは言い難いのも事実だ。**表3-2**は沖縄返還から

表 3-2　基地被害の例（復帰から 2008 年まで）

年	月	内容
1972	12	パラシュート降下訓練中の米兵が目標地点から大きくそれ，伊江村立西小学校給食室に落下
1973	3	**西崎区**住民宅の屋根にパラシュート降下訓練中の米兵が落下。屋根に直径 50 cm の穴を開ける
1973	9	**真謝区**住民が耕作に使用していた射爆場内に，米軍が枯葉剤を散布。約 2000 m^2 の牧草が枯らされる
1974	7	**真謝区**住民が演習終了後に演習場内に草刈りに入ったところ，米兵がジープで追跡し背後から至近距離で狙撃。重傷を負う。日本政府は日米友好を理由に裁判権を放棄
1975	11	**真謝区**住民が演習場内で草刈り中，突然，核模擬爆弾投下演習が行われる。住民は約 1 時間，爆弾が降る演習場内に留まらざるを得なかった
1976	1	演習中の米軍機から**真謝区**の畑に爆弾が落下
1976	2	**西崎区**民の畑に米海兵隊機から離陸用補助推進機が落とされ，サトウキビの一部が被害を受ける
1977	9	伊江島補助飛行場内で模擬弾の投下訓練中，操作ミスにより民家に隣接するサトウキビ畑に落下
1977	11	米軍機の射爆訓練の際，頻繁に低空飛行が行われたため，農作業が著しく阻害される
1978	8	演習中のファントム機から落とされた演習用模擬爆弾が標的を外れ，住民のキビ畑に落下
1981	2	米軍ヘリから**真謝区**住民宅に銃弾 2 発が誤射される
1982	1	**西崎区・真謝区**住民宅の庭に訓練中のヘリコプターから照明弾が落下
1989	4	不発弾爆発事故が発生
1990	1	伊江島訓練後のハリアー機が伊平屋島北方の海上に墜落
1991	11	物資落下訓練中の米空軍輸送機から重さ 2 トンの金属箱が落下し，フェンス外の黙認耕作地に落下
1991	11	伊江島に輸送中の米軍機から読谷沖で物資落下
1992	10	パラシュート降下訓練中の米兵 2 名が目標を外れ，黙認耕作地に落下
1992	11	パラシュート降下訓練中の米兵 4 名が目標地点を外れ，提供地内の住宅（黙認住宅）や提供地外の畑に落下
1993	6	演習場内の**真謝区**雑木林にパラシュートが落下
1994	5	パラシュート降下訓練中の米兵 8 名のうち 3 名が目標地点を外れ，牧草地や畑に落下
1995	1	輸送機から，1.36 トンの訓練物資がフェンス外の黙認耕作地に落下
1997	1	物資投下訓練中に縦 40 cm × 横 80 cm の木箱とパラシュートが**真謝区**の畑に落下
1997	8	パラシュート降下訓練中の米兵が目標を外れ，西江上区の黙認耕作地に落下
2003	2	パラシュート訓練中，伊江島補助飛行場フェンス外に降下する事故
2003	5	パラシュート訓練中，米兵 5 人が提供施設から約 300 m 離れた畑・放草地に落下
2004	2	パラシュート降下訓練中の米兵 1 人が提供施設外の葉タバコ畑に落下

（出所）伊江村史 2 編さん委員会編（2008b）より作成。

2008年までの出来事をおさめた『伊江村史2　年表編』から基地被害に関わる項目を抜き出して作成したものである。どの集落の被害か特定しづらいものもあるが，受苦は明らかに基地に隣接する真謝区と西崎区に集中しているのがわかる。表には記載されていないが，騒音という日常的な受苦がこれらの2区に集中しているのはいうまでもない。

一方，集落にもたらされる受益のほうはどうか。各行政区が区として手にする軍用地料（軍用地となった区有地に入る地料）に着目するならば，真謝区と西崎区のそれは全行政区のなかで決して多いほうとはいえない。軍用地収入があるのは全8行政区のうち6行政区であり，この6区のなかの順番でいうと西崎区は4番目，真謝区にいたっては最も少ない。基地に隣接する真謝区や西崎区の軍用地料が相対的にそれほど多くないのは，後発の開拓部落であるために区有地を多く持たないという歴史的事情のためであろう(6)。いずれにせよ，集落という単位で見たとき，相対的には受益が決して多いとはいえない地区に，受苦は極端な形で集中している。集落のレベルで見るならば，そこにあるのは「受苦の代償としての受益」ではなく，「受苦の大きさに比して過小に分配された受益」なのである。

5　結びにかえて

哲学者の高橋哲也は，ある者たちの利益が他の者たちの生活を犠牲にしてしか生み出されえないような社会システムのあり方を「犠牲のシステム」と呼び，戦後の日本の日米安保体制は，沖縄をスケープゴートとするひとつの犠牲のシステムであると述べる（高橋 2012)。「沖縄に米軍基地を集中させることは，沖縄人を犠牲にすることによって日本人が負担を免れる方法であり，まぎれもなく日本人の利益となる」（高橋 2012: 183－184)。

伊江島の地域生活は現在もこうした犠牲のシステムのなかにある。それも，本土や基地不在地域が手にしている「基地負担の免除」という利益が，ある部分において，基地を受け入れている伊江島の生活を犠牲にしてしか生み出されえないという意味だけではない。「離島苦の解消」や「島の発展」といった伊江島にもたらされる利益が，真謝や西崎の生活を犠牲にしてしか生み出されえないという意味においても，やはり島は犠牲のシステムの中にあるのだ。伊江島における地域生活は，周辺ほど重い受苦がのしかかるという形で重層化された犠牲のシステムのなかで，現在も営まれている。

(1)　データは2020年国勢調査による。

(2)　明治の初頭まで，島は東江村，西江村，川平村の3か村であった。明治初頭に東江と西江がそれぞれ「上」と「前」に分かれて5か村となり，戦時体制下の1943年には東江上の南側が阿良として独立した。さらに収容先からの帰島を果たした1947年，西江上から真謝が，西江前から西崎が独立して8行政区となり，現在まで続いている。

(3)　はじめ巨大開発の候補地となり，後に核燃料サイクル施設の建造場所となった青森県六ケ所村での土地買収は，これと類似した性格を持つ。六ヶ所村は日本の周辺である青森県のなかでも周辺に位置するという意味で「周辺の周辺」にあたる地域だが，開発のための土地買収の対象となったのは村内でもさらに周辺の地域，すなわち「三重の意味での周辺部」（舩橋 1998: 106）であった。

(4)　この診断書の写しは，伊江島の反戦平和祈念館「ヌチドゥタカラの家」で実際に見ることができる。

(5)　旧字体は新字体に改めた。

(6)　真謝区に比べ西崎区の軍用地料が多いのは，西崎区が独立した際に西江前区から区有地が分与されたことが影響している。西崎区の字誌によれば，「無一文裸の分家先への財産分与は親元としては当然の義務であるとの基本的確認は得られたものの，いざその分け方，方法となるとなかなか各々の主張駆け引きがあり，すんなりとはいかな」かったが，最終的に分け与えられた土地は「後々のわが区を支える大きな財源となっている」という（西崎区誌編纂委員会編 1997: 10–11）。

■参考文献

阿波根昌鴻，1973，『米軍と農民――沖縄県伊江島』岩波書店。

――――，1988，『人間の住んでいる島』阿波根昌鴻。

――――，1992，『命こそ宝――沖縄反戦の心』岩波書店。

Appleman, R. E., J. M. Burns, R. A. Gugeler & J. Stevens, 1948, *Okinawa: The Last Battle*, Historical Division, Dept. of the Army.（= 2006，外間正四郎訳『沖縄――日米最後の戦闘』潮書房光人社）。

新崎盛暉，1995，『新版　沖縄・反戦地主』高文研。

防衛庁防衛研修所戦史室編，1968，『沖縄方面陸軍作戦』朝雲新聞社。
知念正行編，2018，『伊江島の基地と大戦の記録』知念正行。
遠藤庄治編，2000，『伊江島の民話』伊江村教育委員会。
船橋晴俊，1998，「開発の性格変容と意思決定過程の性質」船橋晴俊・長谷川公一・飯島伸子編『巨大地域開発の構想と帰結――むつ小川原開発と核燃料サイクル施設』東京大学出版会，93－119。
――――，2012，「開発の性格変容と計画決定のありかたの問題点」船橋晴俊・長谷川公一・飯島伸子『核燃料サイクル施設の社会学――青森県六ケ所村』有斐閣，85－118。
萩野芳夫，1962，「沖縄の土地と現実」『世界』195：90－93。
林博史，2001，『沖縄戦と民衆』大月書店。
――――，2018，『沖縄からの本土爆撃――米軍出撃基地の誕生』吉川弘文館。
伊江村議会史編纂委員会編，2002，『伊江村議会史』伊江村議会。
伊江村教育委員会編，1999，『伊江島の戦中・戦後体験記録――イーハッチャー魂で苦難を越えて』伊江村教育委員会。
伊江村史２編さん委員会編，2008a，『伊江村史２　回顧録・概説・論考編　伊江島近現代史の諸相――「伊江島史」再構築のために』伊江村役場。
――――，2008b，『伊江村史２　年表編　世紀転換期における伊江島の諸相――1972－2008年』伊江村役場。
伊江村史編集委員会編，1980，『伊江村史（上巻・下巻）』伊江村役場。
謝花直美，2022，『沈黙の記憶　1948年――砲弾の島　伊江島米軍LCT爆発事件』インパクト出版会。
川平成雄，2009，「人の動きと経済復興の始まり」『琉球大学経済研究』78：57－80。
亀井淳，1999，『反戦と非暴力――阿波根昌鴻の闘い』高文研。
来間泰男，2012，『沖縄の米軍基地と軍用地料』榕樹書林。
松岡哲平，2019，『沖縄と核』新潮社。
ミッチェル，ジョン，2014，『追跡・沖縄の枯れ葉剤――埋もれた戦争犯罪を掘り起こす』阿部小涼訳，高文研。
西崎区誌編纂委員会編，1997，『区制施行50周年記念誌　太陽歩請』伊江村西崎区。
沖縄県知事公室基地対策課編，2018，『沖縄の米軍基地』沖縄県知事公室基地対策課。
沖縄県教育庁文化財課史料編集班編，2012，『沖縄県史　資料編23　沖縄戦日本軍史料　沖縄戦６』沖縄県教育委員会。
沖縄県総務部総務課，1978，『旧日本軍接収用地調査報告書』沖縄県総務部総務課。
大城将保，1999，「第32軍の沖縄配備と全島要塞化」沖縄県文化振興会公文書館管理部史料編集室編『沖縄戦研究Ⅱ』，89－125。

高橋哲哉，2012，『犠牲のシステム　福島・沖縄』集英社。
鳥山淳，2013，『沖縄／基地社会の起源と相克　1945－1956』勁草書房。

第4章
自治体合併と地域アイデンティティ
——具志川村と仲里村から久米島町への20年——

平井 順

1　はじめに

久米島は，面積約60 km^2，沖縄那覇から西へ約90 kmの距離にある沖縄県中南部圏域の離島である。久米島町は，2002年に具志川村《ぐしかわそん》と仲里村《なかざとそん》が合併して誕生した。ひとつの島に2つの村が存在していた。旧村意識は合併後も相当の期間残っていたという。そして20年が経過するうちにそうした意識はかなり薄まってきた。

合併自治体は新しい行政区域の地域アイデンティティを構築しようとする。旧町村の境界線のままバラバラでまとまらないことのないよう，全体の一体感を醸成しようと試みる。しかし，行政意思としてコントロールして達成されるものではない。

集合的アイデンティティはしばしば対抗的な振る舞いを呼び起こすことがある。その穏やかなあらわれとしては，旧村双方の扱いが均衡になるよう配慮を求める意識がある。しかし配慮の有無は目に見えないものであるから，均衡ルールが遵守されている事実が可視的に示されなければならない。合併から20年が経過してこうした均衡ルールの到達点はどのようであるか。合併自治体と地域アイデンティティについて，人びとのインタラクションにあらわれる事例から考えていきたい。

まず，町史の編纂について検討する。他の合併自治体の市町村史の編纂事業との比較も含めて，合併自治体が発行する市町村史と地域アイデンティティの関連について考察する。

次に，副町長の起用に関する事例を取り上げる。旧村の扱いが均衡になるよう充分に配慮されているかに関する暗黙のルールを考察する。

そして，中学校名の決定に関する事例を取り上げる。公共の施設の名称をどうするかは地域の集合感情に大きく関わる問題である。中学校の統合をめぐる言説を見る。

さらに，泡盛地酒をめぐる事例を取り上げる。双方の村にひとつの酒造所がある地域にあらわれる，よその酒は飲まない，うちの酒しか飲まないという徹底された地元意識を考察する。

最後に，高校の存続に関わる事例を取り上げる。離島に高校があることが人口再生産と地域アイデンティティ形成に及ぼす意義について考察する。

2　町史の編纂について

地方自治体が市町村史を編集発行するのは珍しいことではない。ここで検討するのは合併自治体のそれである。合併前の市町村においてすでに編集発行されているにもかかわらず，新しい自治体が新しい市町村史をまとめるのはなぜなのだろうか。

久米島町の事例の前に，南城市の事例を紹介しよう。合併自治体が市町村史を発行する理由のひとつが明確に示されている。南城市史総合版（通史）の凡例には次のように記されている。

> 南城市は2006（平成18）年1月1日に，旧4町村（佐敷，知念，玉城，大里）が合併誕生して間もなく，市民においては南城市の歴史（旧4町村包括の）認識の共有と帰属意識・アイデンティティの確立が求められておる。こうした課題解決に役立てるために本編は発刊された。

その市史編集委員会が立ち上げられたのは2006年7月21日のことであった。いち早く，合併半年後には動き出したことになる。この事業は南城市としての一体感を持ち，市民意識を醸成していくためにも有意義であるとされた。急ピッチで編集が進められたであろう。早々に4年後の2010年3月31日に市史総合版（通史）は発刊された。

合併自治体が，新たな行政区域をひとつとする地域アイデンティティの確立を求め，取り組むべき課題として市町村史を編集発行する。南城市の事例はその行政意思が強くあらわれたものであるといえよう。

久米島町に話を移す。2021年に1冊目の久米島町史が発刊された。その「発刊のことば」（編集委員会委員長）には次のように記されている。

> 久米島町では平成14年の町制施行以来，新しい町づくりの基礎となる町史の編纂が望まれてきました。平成25年度に，歴史と文化を科学的に解明する，郷土に対する関心と愛着を深める，地域文化を育み，将来の郷土づくりの基礎となることなどを目指した町史編集事業が立ち上げられました。

その町史の「編集後記」（編集委員会事務局）には次のように記されている。

> 久米島町が誕生して10年を迎えた頃から，島を一つとした歴史・文化を記録する町史刊行の機運が高まり，平成25年，久米島博物館を事務局として第1期久米島町史編集委員会が組織され，町史編集事業に着手しました。

ここでいう「（町史刊行の）機運」とはどういうものであるか，事務局を務める久米島博物館への聞き取り内容も含めて考察しよう。

仲里村と具志川村は双方ともに村史編集委員会を立ち上げて昭和50年代に村史を発行している。仲里村史は1975年，具志川村史は1976年の発行である。これらは村の歴史を一冊にまとめたものであった。

その後平成に入って仲里村が複数巻からなる村史の編集を行うようになった。計画としては全8巻を発刊する予定であったが，1994年から2004年までに5巻の資料編を発刊してその計画は終了した。先行の4冊は仲里村役場の発行である。最後の1冊は合併後の2004年に久米島町役場から発行された。しかし，合併後の久米島町が，旧仲里地域限定の村史を発行し続けるわけにはいかない。まさに合併によって仲里村という単位がなくなったゆえ，中途で立ち消えたことになる。通史編もまとめられなかった。

久米島は仲里も具志川も資料豊かなところであり，合併後も久米島の歴史や文化に関する学術的な博物館活動の成果が積み重ねられてきた。既刊の村史に書かれてない内容が多くあることがわかってきた。まさに学術活動の蓄積の機が熟してきたということなのだろう。最後の村史から約10年経って「欠けているピース」をまとめていく作業であるという。

2013年に久米島町史編集委員会がスタートした。当初は2018年に通史編を発行する計画であったが，その計画通りには進まなかった。刊行計画も練り直されて，ようやく2021年3月に1冊目の町史が発行され，2022年4月に2冊目の町史別巻が発行された。

久米島町は2002年に，宮古島市とうるま市は2005年に，南城市と八重瀬町は2006年に合併を実施している。先に見たように南城市は合併4年後の2010年に市史総合版を発行した。宮古島市は合併7年後の2012年に1冊目の市史を発行した。八重瀬町は合併16年後の2022年に1冊目の町史を発行した。久米島町は19年後に1冊目の町史を発行した。なお，うるま市は合併18年経過した現在でも新行政区域のうるま市史を発行していない。

これら沖縄県の合併自治体の状況を見ても，どのタイミングで市町村史を発行するかについての普遍的な基準は存在しないようである。ただ首長などの強い意向が働き，新しい自治体をひとつとする地域アイデンティティ形成のため，新しい市町村史の発行が優先事業となれば編集作業は早く進展するであろう。一般的には自治体から配分される予算の問題，教育委員会や編集委員会の組織のあり方，執筆編集にかかる学芸員や執筆メンバーの人的体制が整っているか否かによるということであろう。

「われわれの歴史」を提示することにより，境界線が変わったことの共有をはかる。本来的に歴史書の機能として，市町村史に限らず字《あざ》誌にもいえることであるが，歴史編集と「われわれ」の構築は分かちがたく結びついている。

3　副町長の起用について

久米島町の町長は，副町長をもう一方の旧村から登用するという暗黙の均衡ルールがある。町長は選挙で選ばれる。その町長が具志川出身であれば副町長は仲里から立てる。また町長が仲里出身であれば副町長は具志川から立てる。副町長の候補は町長が提案するのであるが，決定には議会の同意を得る必要がある。なお，**図 4-1** に旧村と字行政区の地図を示しておくので，以下の説明において参照いただきたい。

2002 年，第 1 回町長選挙が行われた。仲里村長の高里久三と具志川村長の内間清六が争った。結果，高里久三（宇根出身）が当選した。有権者総数 7002 人，獲得票数 2934 票対 2921 票の僅差であった。高里町長は助役に NS 氏（兼城《かねぐすく》出身）を立てた。町長は仲里，助役は具志川という組み合わせになった。

4 年後の 2006 年，第 2 回町長選挙が行われた。立候補したのは町長の高里久三と町議会議員の平良朝幸（比嘉出身）であった。仲里同士の争いになった。当選した平良町長は助役に大田治雄（西銘《にしめ》出身）を立てた。町長は仲里，助役は具志川という組み合わせになった。4 年後の 2010 年は無投票で再選した。町長と助役（副町長）は変わらず。

2014 年，平良町長の勇退を受けて副町長の大田が町長に立候補した。対抗馬はあらわれず無投票で当選した。大田は副町長に桃原秀雄（宇根出身）を立てた。町長は具志川，副町長は仲里という組み合わせになった。4 年後の 2018 年は無投票で再選した。町長と副町長は変わらず。

そして 2022 年，大田町長は勇退して，16 年ぶりの投票選挙が行われた。副町長の桃原が立候補した。副議長のＹ氏（真我里《まがり》出身）と，会社社長で商工会長のＯ氏（儀間出身）も立候補した。三者とも仲里の争いになった。当選した桃原町長は副町長に NY 氏（大田出身）を立てた。町長は仲里，副町長は具志川という組み合わせになった。

副町長（助役）に推された人びとは，みな村役場時代からの行政職員である。キャリアパスとして総務課長もしくは企画財政課長を経験しているのが共通している。そして何よりも顕著なのが，両村の均衡が図られていることである。この点，2002年6月に開催された第2回久米島町議会臨時会「助役の選任について」の会議録に次のようなやりとりがある。

議員（仲地出身）：助役の選任についてですが……ただ単に今回合併したから具志川，仲里というふうに割り振らなければならないという考え方があったのかどうか……助役に対する思いを伺いたいと思います。

町長（高里久三）：まず，……合併したので単なるその合併をした理由で選任したかということですけれども，その中には一部あるかと思いますけれども，しかし決してそうではない。彼の経歴をみてください。……これまでの彼の庁内での活動，それから地域の皆さんの意見を聞いても申し分ないということで，本人にお願いしました……。そういう理由で，私は何も合併したから両方の住民の仁和をとるためとか，こういうものもありますけれども，しかしこれはこの中の一部分であって，彼の力量をかって提案しております……。

すなわち，初代町長の質疑において語られた意をくみ取ると，主たる理由は助役として然るべき適任者であること，その上で部分的な理由として地域の割り振りを考慮しないなんてことはない，ということである。

副町長の起用は，適材適所の人選でありかつ他方の旧村出身であること，このワンセットで丸く収まる。合併から20年経過した現在もこの暗黙のルールは守られている。この均衡ルールが破られる日はいつの日か必ず来るだろう。町長が同じ旧村から副町長の候補を議会にかけたとき，暗黙の均衡ルールを破ったからといって，それを理由に否決されることはおそらくないだろう。ただし「今回の町長はそういう人選をした」という記憶は残る。議員は議会の場でそれを見ている。いや，議員だけではない，町民もそれを見ている。

対等合併した自治体が地域のバランスに気を使うのは当たり前のことであるという認識は，自治体合併に限らず，銀行や企業の合併にも共通するもの

図 4-1　久米島の旧村と字行政区

であろう。町長と副町長の地域のバランスを取るというこの慣例は，結果事実として今も踏襲されている。合併当初はこの均衡への配慮の必要はいっそう強かっただろう。初代町長の議会での発言にそれはあらわれていた。その後第２代以降は，２期８年で町長が勇退し，副町長が次の町長になるのが続いた。結果的に，町長は仲里と具志川から交代で務めていることになる。

地域バランスの暗黙のルールは，破られたときに何も生じないことによって，それは無効になったのだと確認されるものなのかもしれない。

4　中学校名の決定について

公立の学校名に何が採用されるのかは，地域アイデンティティの集合感情に大きく関わる問題である。合併時，久米島には４つの中学校があった。合併5年後と12年後に統合があり，現在久米島町の中学校は2つになった。各統合時に中学校名は新たに検討され，新規名称が採用された。その現在の小中学校区を示したのが**図4-2**である。

2007年に開校した「久米島西中学校」は，具志川中学校と比《ひ》屋《や》定《じょう》中学校が統合して成立した。2014年に開校した「球《く》美《み》中学校」は，仲里中学校と久米島中学校が統合して成立した。旧中学校名にあった具志川と仲里の名称は残らなかった。

2014年開校の球美中の名称については，準備委員会において検討され決定された。準備委員会のメンバーは，中学校の校長・教頭・教務主任・教諭，PTA代表3人，地域代表3人，計10人で，2つの中学校（仲里中と久米島中）から集まっているので計20人，それに加えて教育委員会のメンバーが事務局を務める。

2013年3月に小中学校の児童生徒と保護者，地域住民にアンケートが行われた。仲里中・久米島中，仲里小・久米島小・美崎小の校区が対象である。教育課の資料によると，アンケートの集計結果では「久米島東」が群を抜いて多かった。全体の有効回答数は417件，そのうち主な回答と件数は，久米島東133件，東47件，球美30件，仲里東13件，久仲11件，久米仲11件であった。その他を含めると2ケタの案になったという。

それらを参考に事務局が球美のくみ，仲里の仲，久米島の久，そして東を組み合わせるなどして8つの候補にまとめた。それを受けた準備委員会が4つに絞り，最終的に選ばれたのが「球美中学校」であった。

児童生徒・保護者・住民アンケートで「久米島東」が一番多かったからそれにすべきだという向きもあるかもしれない。しかしそもそもアンケートの目的は，決定するための投票ではない。少数者だけで考えていては思いつかないことを多くの人たちからアイデアを集めるブレインストーミングのようなものである。件数が多いというのは多くの人が思いつく案だということにすぎない。件数が多くてもひとつ，少なくてもひとつとして，案のバリエーションを広げるために用いられる。

普通に考えたら久米島東でしょうという声を凌駕するほどに魅力的であった「球美」が最終的に選ばれたということであろう。近年仲里の人たちに質

図 4-2　久米島町の小中学校区

問した範囲では，久米島東のほうが良かったという声は聞かれなかった。球美で良かったという声ばかりである。その意味で準備委員会は良い決定を導いたといえよう。

しかしここには欠けている視点がある。校区外の人たちがまったく配慮の対象になっていないことである。中学校の名称を決めるときにその校区の児童生徒，保護者，地域住民の意見を参考に決めていくのは当たり前のことであるという認識は，外部者とされた人たちを蚊帳の外に置く。

当時 2 つの中学校名のアンバランスに異を唱える意見が表明された。2013 年 6 月に開催された第 4 回久米島町議会定例会の会議録に，大田（具志川）出身議員の発言が残っている。彼は新校名「球美中」の一般質問と審議にあたり，7 年前の「西中」の名称の扱いについて問い続けたあと，新設中学校の名称は「東中」が望ましいという。これは決して当時の具志川の総意を代表しているとはいえないが，同じような感情を持つ具志川の人は一定数いただろうと思われる。

時は7年前の2007年の中学校再編にさかのぼる。当時すでに4校を2校に統合する話は出ていた。比屋定中はかなり生徒数も少なかったので，具志川中と統合するのもやむを得ないということで話が進み，その後久米島西中として再編されることになった。それに対して，当時は久米島中はひと学年十数人以上の生徒数があったので，まだ時期尚早ということで仲里中との統合は見送られることになった。

議会会議録に残る当時の教育長の発言内容によると，先行した西中の決定プロセスにおいても「球美中」は候補のひとつであったようである。当時の準備委員会は久米島全体の呼称たる球美中を採用せず，「久米島西中学校」に決定した。アンケートの票数が最も多いのを選んだとも伝えられている。

具志川側の意見をくみ取ると，ゆくゆくは仲里の中学校も統合するだろうから，先に統合する私たちは久米島「西」を校名につけて「東」を開けて待ってるという感覚だったのかもしれない。それによって均衡が保たれる。開けて待っていたはずの東中という名称は捨てられてしまったのである。

2014年開校の準備委員会は，そんなルールはないと無視した。いや，その決定は真向から「西・東」の均衡ルールに従うべきでないという表明なのであった。

察する文化において集合的アイデンティティが要求する均衡ルールは暗黙の期待であることが多いので，そのものが語られることはほとんどない。解釈する側がそれを察することによって成立しているからである。

なお誤解なきよう言い添えるならば，そもそも仲里側の校名アンケートも東中が多数だった。当時においては具志川と仲里は双方とも均衡ルールを支持していたといえよう。その後，均衡ルールに従わなくてもよいのだという気づきと，球美中として積み重ねてきた時間の経過が，レトロスペクティブに良い決定であったとの解釈を支えている。

消滅しかけている暗黙のルールを言葉で説明するのは難しい。すでに無効化しているにもかかわらず，それをあると説明するのは妄想である。ある人に聞くとそのルールはあると答える。別の人に聞くとそんなものはもう無効になったといわれる。他の人に聞くとそんなの初めて聞いたといわれることもある。その上で，決して多数決によることなく，そのルールが存在するかどうかの蓋然性をもとに判断するしかない。

5　泡盛地酒について

具志川は米島《よねしま》酒造，仲里は久米島の久米仙。仲里の人たちの口からしばしば語られる，「具志川の人は仲里の酒を絶対に飲まない，仲里の人は基本仲里の酒を飲むけれども無ければ具志川の酒も飲むけどね」という笑いのひとくだりがある。久米島あるあるのひとつである。久米島の久米仙は宇《う》江《え》城《ぐすく》（仲里）に，米島酒造は大田（具志川）に本社工場が所在する（**図 4-1** 参照）。

具志川の人は仲里の酒を飲まない。これは徹底していたという。若い世代を除いて，誰に聞いてもそうだったという返答が返ってくる。町の行事もしくはその親睦会で，準備されたお酒が久米仙（仲里の酒）しかなかったら，具志川の人は飲まないかもしくは帰ったという。だから町の式典とか一席を設けるときは，かならず両方の酒を置いておかなければならない。

全国に販路を拡大している規模の大きい久米島の久米仙に対して，具志川の人たちにとっては米島酒造を支えるという意識が強かったあらわれであろうともいわれる。

そして近年，そういう振る舞いはなくなってきたという。そうした地域性が薄まってきているというのも皆の語るところである。

現在でも地域性が強く残ると思われる葬式や法事の場ではどのように酒が供されるのだろうか。真《ま》謝《じゃ》（仲里）の人に聞くと，法事のときは当然のように久米仙がならんでいるという。他方，嘉《か》手《で》苅《かる》（具志川）の人に聞くと当然のように両方の酒を並べるという。嘉手苅は具志川と仲里が接する中間地域「嘉儀山」のひとつである。この「かぎやま」は嘉手苅・儀間・山城の略称であり，久米島小学校区を構成する地域である。そこでは両村の人が集まりやすいし，そもそも故人に縁のある参列者は両村から来るものなので，お酒を両方揃えておくのは当然のことであるという。嘉儀山地域の現時点の到達点である。

2002年の合併後，区長会は具志川庁舎と仲里庁舎で交互に開催していた。その当初の親睦会で供される酒は，具志川では「久米島」，仲里では「久米仙」という地域性がまだあったという。まさに本節冒頭のひとくだりはこうしたところで生まれたのであった。そして，笑い話として昇華できているのが，合併20年の時の経過をあらわしている。

旧村を強く意識させるお酒を飲むシチュエーションが減ってきたということもあるだろう。お酒を選ぶ基準はほぼ個人の好みに移ってきた。個人または小グループで飲む酒について，大田（具志川）所在の居酒屋で話を聞いた。昔は地域性が根付いていただろうが，いまはそこまで分かれることはないという。味も違うし飲みやすさも好みによる。ここは地域柄，米島酒造の「久米島」を飲む方が割合的には多いかもしれないとしつつも，中高年の世代も地域性の意識主導というよりも，「飲み慣れている」ということで結果的に地元のお酒を選んでいるのではないかという。地元の泡盛を飲まない世代も増えてきている。たとえばハイボールとかチューハイもいろいろな種類が飲まれているとのことであった。

また，近年同席した懇親の場で，宇根（仲里）出身の町長はオリオンビールを飲んでいた。謝名堂（仲里）の自治会関係者はトマトチューハイを飲んでいた。聞き取りにこたえてくれた真謝（仲里）の役場職員は，最近では米島酒造のお酒を好んで飲むといっていた。図らずも仲里の人が仲里の酒（久米仙）を飲むという事例は見られなかった。

5年前に比べてその変化が進んでいるかはわからないが，10年前に比べると明らかに変わってきているという。かようなタイムスパンで地域意識は変化しているようである。「うちの村には米島酒造がある，うちの村には久米島の久米仙がある」から，「うちの島には酒造会社が2つある（味の好みでどちらでもどうぞ）」に変わってきた。今後さらにこうした認識は受容されていくのだろうと思われる。

6　ワンアイランド久米島の象徴，久米島高校

本章では主に旧村のレベルで具志川村と仲里村の地域アイデンティティを

検討してきた。合併して20年が経過するとともに，その境界線が薄くなったり消失していく生活場面を見てきた。

旧村時代から「久米島は一つ」の象徴だったのが久米島高校である（**図4-2**参照）。具志川村の若者も仲里村の若者も，中学を卒業して高校に進学する時は，進学やスポーツ志向で島外に出ることを除いては，基本的に久米島高校を選ぶ。合併後もワンアイランド久米島の統合の象徴としてあり続けている。

その久米島町に衝撃が走ったのは2009年のことであった。普通科と園芸科で構成されていた久米島高校であったが，沖縄県教育委員会から園芸科の廃科が提案された。園芸科の定員40名の過半数を割ることが増えていたのがひとつの理由である。

久米島町にとっては島にひとつの高校が今後も存続していくかどうかの大きな問題であった。園芸科の廃科は決して閉校を意味しないが，これを許してしまうと次の段階さらに次の段階へと進展してしまうと危惧する。第1の防波堤で押し留めておきたい。そして署名活動や廃科反対の決議などを行って県に要請した。現状その廃科は延期され，普通科2クラス，園芸科1クラスのまま存続している。

住民基本台帳によると，2002年3月31日時点の具志川村と仲里村の合計人口は9483人であった。翌4月1日から久米島町が発足した。2022年3月31日現在の久米島町の人口は7450人である。合併後の20年で人口が約22%減少したことになる。

今後永続的に久米島高校が存続するためには学生数を増加もしくは維持する必要がある。久米島町は2013年から高校魅力化事業に取り組んでいる。大学進学を見据えて島外の進学校に流出する層を島内の久米島高校に進学させたい。2015年には公営塾「学習センター」も設置された。それ以前は島内進学割合は，約7割程度であったのが約8割程度に向上したとされる。また島外からの離島留学生の受け入れなどにも力を入れている。2016年からは町営寮「じんぶん館」が運営開始された。

離島にとって学校の存続は集落の存続可能性を測る重要な要素である。廃校は島内人口の維持・再生産のシステムを根本的に変動させるインパクトを持つ。沖縄県の本島を除く離島において高校があるのは宮古島と石垣島と久米島だけである。伊良部《いらぶ》島に伊良部高校があったが，2019 年度に募集停止，2021 年 3 月に閉校した。

2020 年の国勢調査人口によると，島別人口は，宮古島が 4 万 7676 人である。石垣島が 4 万 7637 人である。久米島は 7155 人である。それらに次ぐ人口の伊良部島（4494 人），伊江島（4118 人），西表《いりおもて》島（2253 人），与那国《よなぐに》島（1676 人）には高校はない。

久米島高校はワンアイランド久米島の地域アイデンティティの象徴でもあり，人口の再生産の実質面でも存続が望まれる。久米島町は人口の維持および高校の存続にとても力を入れている。

7　おわりに

近年現地で聞き取りをした印象から述べると，若い世代の人たちに旧村の地域アイデンティティはほぼないといってよさそうである。13 歳頃からアイデンティティ形成が始まると考えるならば，合併時の 2002 年に 13 歳，すなわち 2022 年に 33 歳あたりがひとつの境界線になるだろうか。

行政組織に関していえば，旧具志川村役場・旧仲里村役場に就職した世代と，合併後の久米島町役場に就職した世代の帰属意識の違いはあるだろう。2002 年に高卒 18 歳，大卒 22 歳で町役場職員になった世代は，2022 年に 38 歳，42 歳になる。要職はまだ旧村役場世代だが，その世代交代は確実に進んでいる。もちろん旧村役場世代も，従前とは異なる帰属意識に更新されているに違いない。定量的に計測するならば，コーホート効果と，時代効果と年齢効果に分類して再構成する必要があるだろうがここではそれは置く。

従前の「具志川の人／仲里の人」の境界線は，若い世代の人たちにとってかなり弱まってきており，かなりゆるく「西中出身の人／球美中出身の人」という別ラベルに貼り変わりつつある。久米島町史の編集発行も進められている。歴史の蓄積が「われわれ」を再構築する。久米島町の統合的地域アイデンティティの醸成に，久米島高校の存在が重要な役割を果たし続けるにちがいない。

合併から 20 年の歳月が経過した。おおよそ合併後 10 年経過するころまで見られた均衡ルールやコンフリクトが，その後の10年間で薄くなったり消失していくのを見てきた。旧村のバランスをとってのワンアイランド久米島から，地域バランス不問で障りないワンアイランド久米島へ変容しつつある。さらに十年後，合併30周年のころには，本章で紹介したいくつかの暗黙の均衡ルールは消失しているだろうか。旧村の対抗意識が後景に退いたあと，図らずも字行政区の対抗意識が前面に立ちあらわれてくる未来の可能性は如何か。今後のありようを追いかけていきたいと思う。

■参考文献

具志川村史編集委員会，1976,『久米島具志川村史』。

記念誌部会，1998,『具志川中学校五十周年記念誌』。

記念誌編集委員会，1990,『久米島中学校創立40周年記念誌』。

記念誌編集部，2003,『仲里中学校創立五十周年記念誌』。

久米島町企画財政課，2016,『久米島町人口ビジョンQ&A』。

――――，2021,『第2次　久米島町総合計画――後期基本計画・第2次久米島町総合戦略』。

久米島町公共施設マネジメント委員会，2021,『久米島町個別施設計画　公民館・コミュニティセンター等編』。

久米島町史編集委員会，2021,『久米島町史資料編1　久米島の戦争記録』。

――――，2022,『久米島町史別巻　久米島町誕生20年のあゆみ』。

宮古島市史編さん委員会，2012,『宮古島市史　第1巻　通史編』。

仲里村史編集委員会，1975,『仲里村史』。

――――，1994,『仲里村史　近世・近代仲里の文献資料　第三巻　資料編2』仲里村役場。

――――，2004,『仲里村史　新聞集成　第五巻　資料編4』久米島町役場。

南城市史編集委員会，2010,『南城市史　総合版（通史）』。

沖縄県企画部　地域・離島課，2022,『離島関係資料』。

沖縄県企画部　市町村課，2022,『沖縄県市町村概要』。

沖縄県立久米島高等学校，1988,『創立四十周年記念誌』。

島尻郡教育部，1985,『島尻郡誌』。

八重瀬町史戦争編専門部会，2022,『八重瀬町史　戦争編』。

第5章
瀬長島の跡地利用と観光地化

南 裕一郎

1 「隣の楽園」瀬長島

人口約6万6000人（2023年）の豊《と》見《み》城《ぐすく》市は，那覇市のベッドタウンとして1990年代以降急速に発展してきた地域である。2002年には地方自治法施行後初めてとなる村からの“飛び級昇格”で市制に移行して話題となった。東洋経済新報社の「全都市／成長力ランキング」で数度にわたり全国1位になるなど，「住みたいまち」としても注目されている。市内就業人口の85％は第3次産業に従事しているが，マンゴーやトマトの県内主要生産地としても知られている。その一方で，集客力のある観光資源が市内に乏しいという課題も抱えていた。

豊見城市の西端，那覇空港のすぐ南に「瀬長島」という小さな島がある。琉球の開闢（創世）にまつわる伝説が残る瀬長島は豊見城発祥の地であり「神の島」とされている。沖縄本島とは海中道路と呼ばれる道路でつながっており，島からは空港を離着陸する航空機を間近で見ることができる。沖縄旅行の最終日に立ち寄るという観光客も少なくない。島内には市営野球場や海水浴場はあるもののこれといった観光施設がなく，それゆえ瀬長島は，野球や釣り，ウインドサーフィン，ビーチパーティーなど，地元の人びとの憩いの場として親しまれるところだった。

その瀬長島が，いまや沖縄を代表する観光スポットになっている。2010年

（出所）リゾーツ琉球株式会社

図 5-1　瀬長島

代に入り，島に瀬長島ホテル，ウミカジテラスなどの観光娯楽施設がオープンすると，その存在はガイドブックや SNS，YouTube などを通じて知られるようになり，若者を中心に多くの観光客が訪れるようになった。2017 年度の瀬長島の来島者数は 288 万人で，これは首里城公園来園者数の 282 万人（2017 年）に匹敵する数字である。コロナ禍の 2021 年度にも 273 万人の来島者があったという。豊見城市による島のキャッチフレーズは「隣の楽園」。開発を進めたのは大阪の旅行会社である。

地元の人びとの憩いの島から「観光の島」へと変わった瀬長島。しかしこの島が，かつて米軍基地であったことや，現在の姿が返還後の跡地利用によるものであることを知っている観光客や市民はどのくらいいるのだろうか。というのも返還されてから 30 年以上の間，瀬長島の跡地利用についてはさんざん計画・議論されながら，開発がほとんど進んでこなかったからである。跡地開発が遷延化していったのはなぜだろうか。また，現在の盛況ぶりを見る限り，瀬長島は返還軍用地の跡地利用の成功事例といえるが，何が契機となって観光地化が進められるようになったのだろうか。

本章では瀬長島の来し方（過去）と行く末（未来）について検討し，そこから今後の返還軍用地の跡地利用のひとつの方向性を示してみたい。

2　行政主導から「官民連携」の跡地利用へ

土地所有関係の点だけでいえば，本来瀬長島は開発しやすいところであった。沖縄では米軍基地面積の 4 割が民有地であり，ひとつの基地あたりの地権者（軍用地主）の数も多い。地権者が多いと返還後の跡地利用における合意形成を困難にし，計画づくりや事業の長期化を招く。加えて，跡地利用には地権者以外にも様々な団体や企業が関与する。こうした外部アクターは事業の遂行にプラスにもマイナスにも働く不確実な存在である。だからこそ「誰にも損をさせない」ような利害調整，円滑な合意形成が求められる。その調整役としての役割を担うのは多くの場合，公共団体である自治体となる（難波孝志 2015）。そのため沖縄県では，県・市町村による公共用地の先行取得や地権者への給付金の支給などについて定めた「跡地利用特措法」に基づき，行政主導による跡地利用が図られている。

他方，地権者が単独ないし少数という米軍基地はきわめて異例である。2021 年 3 月末現在で地権者が 10 人以下の基地を挙げると，北部訓練場（3 人），八重岳通信所（2 人），天願桟橋（9 人），鳥島射爆撃場（1 人），出砂《いですな》島《じま》射爆撃場（1 人），黄尾嶼《こうびしょ》射爆撃場（1 人），沖大東島射爆撃場（1 人）となっている[(1)]。かりに返還されても立地的に跡地利用の可能性のないところばかりである。

しかしその意味では，瀬長島も「異例」であった。後述するように，瀬長島の大部分（約 93%）は市有地で，残りは民有地（字《あざ》有地と民間所有地）であった。瀬長島の跡地開発を主導する役割を負うのは最大の地権者である行政（豊見城市）ということになる。とはいえ，島をゼロから開発するには多額の費用がかかる。基地を持たない豊見城市には軍用地料はもとより，周辺整備調整交付金や基地交付金などの基地関係収入もない。何よりも，市に経済的利益をもたらすような跡地利用構想・計画がなかった。

米軍施設「那覇空軍・海軍補助施設」だった瀬長島が全面返還されたのは 1977 年であった。『沖縄の米軍基地』（沖縄県知事公室基地対策課編）における瀬長島に関する記述をたどってみると，2000 年以降の島の大まかな変遷をうかがい知ることができる。

> 現在は，市有地の一部がスポーツ広場として，また民有地がレクリエーション関連で利用されている。風光明媚な瀬長島は，市内外から多くの方が訪れるが，同島の約70％が未使用の状態である。(2003年)

> 返還跡地は市営球場などが整備され，レクリエーション関連で利用されている。返還跡地の一部においては，土地利用に関する規制が厳しいこともあり，未利用の状態となっている。(2008年)

> 返還跡地には市営球場や温泉宿泊施設が整備され，レクリエーション関連で利用されており，市内外問わず大勢の利用者で賑わっている。返還跡地の一部においては，土地利用に関する規制が厳しいこともあり，瀬長島観光拠点整備計画に基づき，その有効利用を図っていく。(2013年)

> 返還跡地には市営球場などが整備され，返還跡地の一部においては，土地利用に関する規制が厳しいこともあり，長い間未利用の状態が続いていたが，観光振興地域の指定を皮切りに，温泉宿泊施設の立地や豊見城市による瀬長島観光拠点整備事業の推進がなされ，現在，官民連携による新たな観光拠点として賑わいをみせている。(2018年)

経時的に見ると，市民のレクリエーションの場という位置づけから温泉宿泊施設や観光拠点整備へと変化していったことがわかる。さらに現在のにぎわいは，豊見城市と民間企業との「官民連携」によってもたらされたという。この事例は，今後の跡地利用に対していったいいかなる意味を持つといえるのか。以下，瀬長島における跡地利用の経緯を見ていく。

3　神の島

何をおいても瀬長島は「神の島」である。島には，琉球開闢の神アマミキヨが瀬長島に降り立ち，アマミキヨの子の南海大神《なんかいうふがみ》加那志《がなし》が島に最初に住みついて，そこから豊見城の世立てが始まったとする豊見城発祥伝説が残っている。現在の瀬長島ホテルのある丘陵部には瀬長グスク（築城年代不明）があったとされ，南海大神加那志の骨は瀬長グスクの下の穴に埋葬されていると伝えられている。ほかにも島内には御嶽，拝所，井泉，古墓があり，14～15世紀あたりの青磁，白磁，高麗系瓦などの遺物が出土している（豊見城市教育委員会文化課編 2008）。

戦前まで集落は島の北東部の「古島」と呼ばれる地区にあったが，形成時期はよくわかっていない。18世紀，ヤクミと総称される8世帯が島に移り住んでその後の瀬長集落の基礎を築いたと伝えられる一方で，瀬長集落は近代以降に形成されたという説もある（豊見城市市史編集委員会民俗編専門部会編 2008: 196）。戦前は島に渡る道路がなく，本島との往来は干潮時には干潟を歩いて，満潮時にはサバニを利用して渡っていた。

島全体が緑につつまれていた瀬長島はたいへん風光明媚な場所であった。琉球王国の士族で和文学者の平敷屋《へしきや》朝敏《ちょうびん》（1701－1734）によって書かれた組踊作品「手水の縁」にも瀬長島が登場している。1719年に来琉した中国の冊封副使・徐葆光も『奉使琉球詩』のなかで，芭蕉の緑が茂り，いくつもの巨石が屹立する島の変化に富んだ景観を讃えている。また瀬長島には「子宝岩」と呼ばれる高さ5ｍほどの岩があり，「イシイリー」（石入れ）と呼ばれるこの岩の2つの穴に向かって石を投げ，上の穴に入れば男の子を，下の穴に入れば女の子を授かるとの言い伝えがあった。なお，現在の子宝岩は近年になって復元されたものである。

琉球王府が編纂した『琉球国由来記』（1713年）によれば，瀬長グスクは瀬長按司の居城であった。それゆえ瀬長島は別名「アンジナ」（按司のいる砂島）とも呼ばれていた。また，島にはハブが多く生息し，「鳥鳴かん島」（といなかんしま）とも呼ばれていた。鶏を飼うと必ずハブが鶏を食べに山から下りてくるため，人びとが鶏を飼わなかったことからそのように呼ばれたという。

瀬長島は明治以降も一部の民有地を除いて豊見城間切の豊見城御殿が所有する土地であり，島民は豊見城家から土地を借りて漁労や耕作に従事していた。ところが1930年代に豊見城家所有の瀬長島の土地が売りに出され，その情報を聞きつけた当時の第4代村長・赤嶺成春は字瀬長の有志を集め，「別の人に瀬長島が買われたら借地料もいまの5，6倍に値上げされると思うので，小作人たちで力を合わせて買うようにしたらどうか」と打診した。字代表の新垣九郎は「この字の民力では3000円という大金はとうてい作れない」と答えた。赤嶺村長は「それでは村が買うようにする。村有地になった後も借地料は従来どおりにするよう村議会にも諮るから」と，瀬長島を3000円で買い取ることを決めた[2]。それ以来，瀬長島の大部分は村有地（市制移行後は市有地）となった。

4　基地の島

戦時色が濃くなった1945年，瀬長島民は日本軍から島外への退去を命じられた[3]。島にはおよそ150人が暮らしていたが，島民は全員，近隣の親類知人を頼って島を離れた。このとき字としての組織的な避難行動はまったくなく，各世帯はそれぞれ独自の判断で，約50人は山原方面へ，約100人は島尻方面へと避難していった（豊見城村史戦争編専門部会編 2001: 391–392）。激戦が繰り広げられた本島南部の島尻では，瀬長からの避難民の約半数が死亡した。

沖縄戦終了後，島民が帰村すると，島全体が米軍の弾薬庫として接収されていた。集落は全壊され，島民たちは島で生活することができなくなった。米軍は接収と同時に海中道路を建設しており，本島と陸続きになっていたが，住民は島に立ち入ることを一切禁じられた。そのため瀬長島民は，舟《ふ》無《なん》小《ぐわ》原《ばる》のアカサチ森《ムイ》南側の海岸沿い（現在の豊見城警察署一帯）に米軍兵舎の廃材などを買い受けて集落を作った。しかしその集落も1951年のルース台風で大波の被害を受けたため，さらに内陸の田頭《たがみ》集落付近に移動して現在の瀬長集落を形成した。戦前瀬長島で暮らしていた上原芳雄氏は，「戦争で島が破壊されて，その後ルース台風でまた破壊されて，私たち瀬長が一番苦労した」と語る[4]。島にあった御嶽，拝所，井泉は対岸のアカサチ森付近に「瀬長拝所」として集合移設された。

豊見城村は米国民政府に対し，瀬長島の立ち入り調査や島の返還を繰り返し求めたが，聞き入れられることはなかった。そして本土復帰（1972年）が近づくにしたがい，今度は米軍に代わって日本の自衛隊が瀬長島に配備される計画が明らかになった。豊見城村はただちに自衛隊配備への反対，沖縄返還協定の改正を要請したが，日本政府は公用地法（公用地等暫定使用法）を施行して，本土復帰から5年間は地権者の合意がなくても強制使用ができるようにし，瀬長島の返還は先延ばしにされた（豊見城市議会史編集委員会編 2009: 234－235）。また復帰の同年に島内でヤギが放牧されていることがわかり，「核・毒ガス兵器が貯蔵されているのではないか」「ヤギたちは生きたガス漏れ報知器だ」との疑惑が生まれた。防衛施設庁は「核問題は外交レベルの問題」「ヤギ飼育は除草のため」として明確な回答を避けた[5]。1974年には那覇空港付近で魚の大量死が見つかり，瀬長島に核爆雷・毒薬が貯蔵されているとの疑惑はさらに深まった。

1977年5月14日，瀬長島は32年ぶりに返還された。ところが瀬長グスクや子宝岩，御嶽，拝所などの遺跡・文化財のほとんどすべてが破壊され，島の地形も大幅に変わってしまっていた。那覇防衛施設局の調査によると，島の面積は戦前に比べて46.5%も減少していた。一方で，那覇防衛施設局が算出した軍用地面積よりも実際の面積は3万5000 m^2 ほど大きいことも確認された（豊見城市議会史編集委員会編 2009: 237）。原状回復・地籍確定にかなりの時間がかかり，実質的な引き渡しは翌年秋までずれ込むことになった。

5　村内での跡地利用論議

瀬長島がまだ弾薬庫となっていた1971年に，豊見城村では返還が実現したときに備えて瀬長島の開発計画案（「第1次瀬長島開発計画」）を作成していた（**図5-2**）。同計画には，①労働者の職場開発，②国民宿舎建設，③文化財保護，④自然公園，⑤遊園地，⑥ビーチ・ヨットハーバー・釣り場，⑦キャンプ場，⑧駐車場の建設が盛り込まれていた。この計画は，「瀬長島は村民の手で利用計画をたて，村民が平和で豊かないこいの場に利用し，村民の福祉向上に使うために村民の声を反映させ」たものであった[6]。

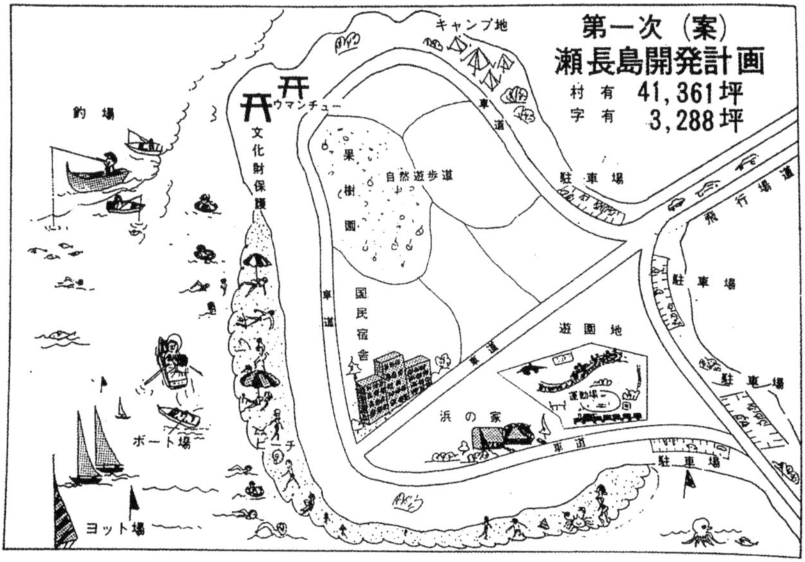

（出所）『広報とみぐすく』95号（1971年）

図 5-2　第 1 次瀬長島開発計画案

瀬長島返還翌年の 1978 年，村は島の北側の平坦部分を整備して暫定的な跡地利用施設「瀬長島スポーツ広場」（現在の瀬長島野球場）を完成させた。1982 年には「瀬長島開発基本計画」が策定されたが，しかしその後の瀬長島の開発は何も進まず，島は半ば放置された。その結果生じたのは，ゴミや動物などの不法投棄の問題であった。1980～90 年代の『広報とみぐすく』を見ると，瀬長島関連の記事のほとんどは島のゴミ問題やゴミ清掃に関する内容になっていく。瀬長島は「神の島」から「基地の島」を経て，「ゴミの島」へと変貌してしまったわけである。また一時期，ユタを自称する一家が島内に勝手に住み着いていたこともあったという。

ゴミ問題の解消と瀬長島開発が喫緊の課題になるなか，瀬長島の跡地利用構想は，住民の福祉・レジャーのための活用から観光・リゾート開発へと舵が切られることになった。1986 年度の豊見城村の施政方針では「瀬長島の管理方針については財政的にプラスになる方向で利用計画を立てたい」と明記された。これを受けて1987年に発足した村有財産有効利用審議会は「スポーツ，レジャー型のリゾートを主とした開発が望ましい」との答申を行い，1990年に村は「開発基本計画調査報告書」を公表した。報告書では空港隣接のメリットを生かした「ターミナルリゾート・瀬長」を実現するとし，リゾートホテルを中核に，海浜レクリエーションゾーンの整備，スポーツや野外イベントの多目的広場，亜熱帯や海洋性の花木が咲く植物公園にするというものであった。

観光・リゾート開発への転換に際して特に重視されたのは，村への「財政的寄与」という点であった。かつて豊見城村が3000円で購入した瀬長島の年間軍用地料は，返還前年の1976年には7741万円までになっていた[(7)]。軍用地料はそのまま村に歳入されていたことから，それ相当の収益性のある開発が期待されたのである。とはいえ，そのための財源確保については見通しが立っていたわけではなかった。

その後，村は自治省の地域づくり推進事業の指定を受け，瀬長島野球場の整備事業に着手した。1994年，4面の球場やミニ公園からなる「瀬長島コミュニティスポーツ広場」が整備された。同年7月には初めて瀬長島が豊見城村恒例の一大イベント「とみぐすく祭り」の会場となった。1993年には「瀬長島開発検討委員会」が設置され，同年11月，「どう生かす瀬長島」をテーマにシンポジウムが開催された。比嘉秀雄村長はこのとき，「返還軍用地の跡利用のモデルケースに」と瀬長島開発への期待を述べた。1994年には「瀬長島開発計画」が策定され，海洋レクリエーションやスポーツの拠点「パラダイスガーデン瀬長」を目指すという方針が立てられた。1997年には第10回全国スポーツ・レクリエーション祭のボードセイリング競技が瀬長島で開催されるなど，1990年代後半は跡地利用への期待が高まるなか，瀬長島が特に脚光を浴びた時期であったといえるだろう。

しかしその後も瀬長島開発は大きな進展を見せることがなかった。2000年前後の施政方針でも「継続して事業化に向けた取り組みを行います」といった文言はあるものの，跡地利用が難航していたことがうかがえる。この時期，豊見城では市制への移行（2002年）や総事業費11億5000万円をかけた豊崎地区の埋め立ておよび企業誘致などの大型事業を抱えており，瀬長島開発に割く人的・財政的余裕がなかったのである。

2002年4月，豊見城村は豊見城市となった。2004年の琉球新報社主催のフォーラム「豊見城ウィーク」では，「瀬長島を“空の駅”として観光の入口・情報提供の場に[(8)]」との意見が出された。2005年，豊見城そして瀬長島に大きな転機が訪れる。豊崎・与根・瀬長の西海岸地区が「エアウェイリゾート豊見城」として沖縄振興計画の観光振興地域に指定され，観光関連施設や販売施設，教養文化施設，集会施設などの整備，事業者への税制優遇措置が可能になったのである。このとき市長だった金城豊明氏は，「これ（観光振興地域指定）を逃すと，もう開発はできないと思って必死だった」と述懐している[(9)]。

6　那覇空港の問題

幾度となく開発計画が立てられたにもかかわらず瀬長島の跡地利用が進まなかった要因は，島に隣接する那覇空港と大きく関連していた。

第1に，航空法上の制限と都市計画法上の土地利用規制があった。1933年に小禄《おろく》飛行場としてスタートした那覇空港は，戦後は米軍管理下に置かれ，本土復帰に伴い航空自衛隊那覇基地が配備された。那覇空港の約1.5 km南に位置する瀬長島は，空港を離着陸する民間機・自衛隊機の直下にあることから航空法上の「制限表面」の範囲に入り，一定の高さ（約45 m）を超える建造物を設置できなくなった（**図5-3**）。そのため瀬長島は都市計画法上の「市街化調整区域」に線引きされた。市街化調整区域では建築物の新築や増改築が原則できないため，開発が非常に困難になったのである。

第2に，那覇空港の騒音問題があった。空港に近い字瀬長，字与根などの地域では民間航空機や自衛隊機による騒音問題を抱えていた。両部落では，よく寝つかれない，イライラする，難聴などの症状を訴える人がいること，航空機騒音によって牛の乳が出なくなることがあるなど家畜にも少なからぬ影響を及ぼしていることが明らかになった[(10)]。豊見城村は，地域住民に対しては運輸省や防衛施設庁の補助金を活用して共同利用施設（公民館）の建設費用や民家の防音対策工事費に充てて対応したが，騒音の激しい瀬長島で開発

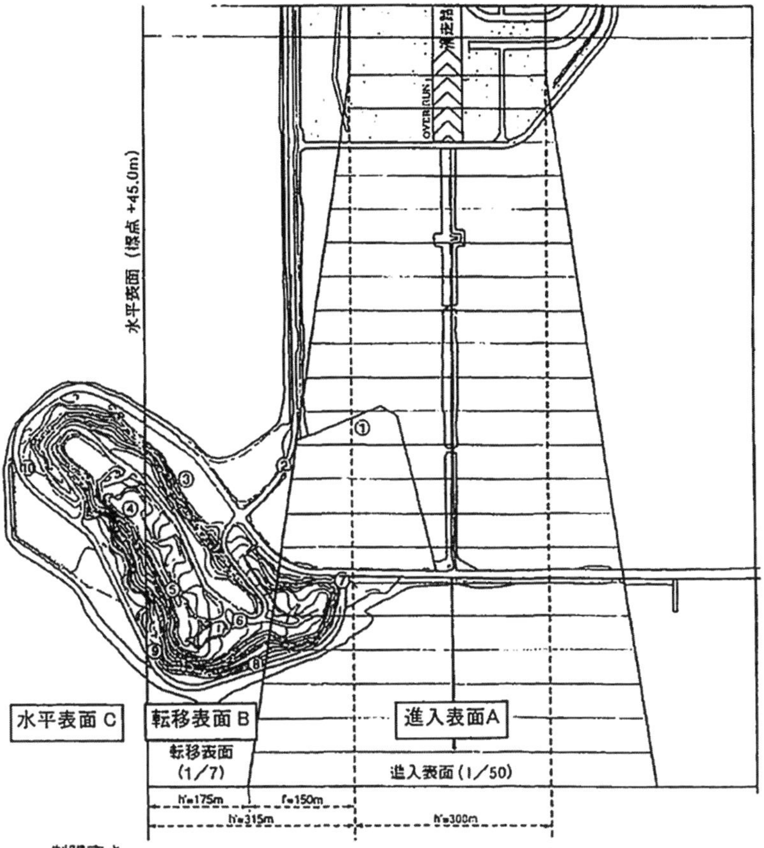

制限高さ

地点	①	②	③	④	⑤	⑥	⑦	⑧	⑨	⑩
制限高さ(m)	10.55	15.51	35.62	17.98	9.88	6.86	13.78	21.50	44.03	44.88
GL高	2.21	2.55	3.28	31.52	32.47	18.99	3.18	3.26	3.13	4.62

（出所）「瀬長島開発計画調査報告書」（1994 年 3 月）

図 5-3　瀬長島の表面規制状況図

を行うのは現実的ではなかった。

第 3 に，那覇空港滑走路の南側への延長計画の問題があった。航空需要の増加に伴い，大型機・長距離路線機に対応するために那覇空港の滑走路が 2700 m から 3000 m に延長されることになった。沖縄開発庁は瀬長島のある空港南側方面に滑走路を 300 m 延長させる計画案を作成したが，延長されると騒音被害が増え，瀬長島の跡地利用計画が立てられなくなるため，豊見城村は反対を表明した。だが，1978 年に大城盛一村長が就任すると，国益保護の観点から村の方針は徐々に延長容認に変わっていった。一方，瀬長自治会は区民を挙げて延長に反対して村当局と村議会に要請書を出した。最終的に 1981 年，村議会は公有水面埋め立てに同意した。1982 年に延長工事が開始され，1986 年には完成した 3000 m 滑走路の供用が始まった。

このように，跡地利用が進まなかった理由は，豊見城村（市）だけでは解決できない問題があったからである。村は県に跡地利用計画の作成を要請したこともあったが，これも物別れに終わった。豊見城市議会における瀬長島の有効利用に関する議論でも「民間活力の導入」の必要性が強調され始め，市は瀬長島への企業誘致に乗り出していく。

7　本土企業の瀬長島進出

2005 年 3 月，瀬長島に公営競技（競馬，競輪，競艇，オートレース）の場外発券場を誘致する計画が報道された。金城豊明市長は「誘致すると表明したわけではないが，歳入増のためには検討に値する案。瀬長島の有効利用のなかの一選択肢」と述べたが，議会では「財政が厳しいからと市がギャンブルに依存していいのか」との批判が出た。2009 年には地方競馬全国協会の関連会社が瀬長島内の民有地に地方競馬場外発売所の設置を計画していることも明らかになった。

瀬長島開発が依然として膠着するなか，2007 年 10 月，大阪の旅行会社「ホワイト・ベアーファミリー」(略称 WBF。以下「WBF 社」に統一) の子会社である「ジオ株式会社」を誘致して，瀬長島の市有地を「温泉宿泊施設関連事業用地」として事業を進めていることが発表された。同社は 2005 年に豊見城市に企画書を提出しており，市は「大変時宜を得たいい提案ではないか」と前向きな反応を示していた。当時市長だった金城豊明氏は「軍用地の跡地利用としてはこれ以外になかったと思っている」と述べている。

WBF 社は，瀬長島の市有地 2 万 621 m^2（島面積の約 11%）を 20 年間定期借地し，温泉施設とホテルの建設・運営を行うと表明した。完成後には100人以上の雇用も見込まれた。近藤康生・WBF社代表（当時）は，「ここに露天風呂があったら，日本で一番の温泉になる」（近藤康生 2015: 65）と確信し，豊見城市に話を持ちかけたのだという。「チャンプルーリゾート」をコンセプトとする同社の温泉開発案はただちに採用されることになった。

WBF社は瀬長島の市街化調整区域の問題をクリアするために沖縄県と交渉を続けた結果，都市計画法第34条の二（市街化調整区域内に存する鉱物資源，観光資源その他の資源の有効な利用上必要な建築物又は第一種特定工作物の建築又は建設の用に供する目的で行う開発行為）に着目し，これを根拠に開発許可取得を目指した。そして，「温泉が出るという前提であれば，温泉を利用する施設として開発許可を下せる可能性がある」といわれ，沖縄県知事より温泉掘削許可を得て温泉掘削を開始した。2009年2月，ついに温泉掘削に成功し，県に開発申請を行った。

温泉権すなわち温泉使用権は豊見城市にあったが，申請後，市は温泉権を100% WBF社に譲渡した。同社は年間およそ1億円の借地料と入湯税を市に納める一方で，温泉を無償で使用できることになった。加えて，豊見城市とWBF社は，住民説明会を繰り返し開いて開発事業への理解を求めた。糸満漁協瀬長支部の上原芳雄氏は「瀬長島の開発については歓迎している」と述べ，瀬長区長の上原幸夫氏も「地域の皆も喜んで期待している」と歓迎した。瀬長自治会は島内に字有地を所有（島面積の2.6%）しているが，瀬長区は市内行政区で最も人口が少なく高齢化率も高い。戦前に瀬長島で生活していた人も少なくなっており，地域住民が主導して瀬長島の開発に乗り出すほどの動機づけはなかった。

県の開発許可は下りたものの，リーマンショックと東日本大震災の影響で，およそ25億円にのぼる開発費用の捻出はきわめて難航した。着工が開始されたのは2011年8月であったが，その後もWBF社は資金調達に奔走した。かくして2012年12月に「琉球温泉　瀬長島ホテル」が完成し，翌年2月にグランドオープンを果たした。

8　観光の島へ

瀬長島が「観光の島」へと変貌する一方で，WBF 社は古来より瀬長島が「神の島」であることを重視し，ホテル開設時に入口付近に「龍宮社」という祠を設置した。これは「神の島にホテルを建てさせていただく」という WBF 社・近藤代表の意向によるものである。地元の人がこの祠に御願に来ることはないようだが，しかしこうした地元感情への対応が，結果的に住民からの信頼を得ることにつながっていることは間違いない。

プロジェクトをバックアップした市の存在も大きい。WBF 社と金城豊明第 3 代市長，宜保晴毅第 4 代市長との友好的な関係は，同社による開発事業にプラスに働いた。金城豊明氏は「近藤さんは長年沖縄で実績もあって堅実な人。この人なら大丈夫だろうと」と語っている。跡地利用のめどがついた豊見城市は，瀬長島開発のために沖縄振興特別措置法に基づく一括交付金を活用し，2012 年に「瀬長島観光拠点整備計画検討委員会」を設置した。そして「瀬長島観光拠点整備計画」（2012～16 年度）が策定され，「隣の楽園」のコンセプトのもと，子宝岩の復元，展望広場，無電柱化，遊歩道，駐車場などを新設し，島の外周道路の整備を実施した。総事業費（ソフト交付金分）12.3 億円のうち一括交付金は 9.8 億円であった。つまり市の負担分は 2.5 億円で済んだことになる。さらに 2013 年，市は瀬長島の国有地約 9300 m^2 を一括交付金を用いて購入（7170 万円）した（**図 5-4**）。この国有地は「サンセットパーク」として整備されることになった。

2015 年 8 月，WBF 社は飲食・物販のテナントからなる複合商業施設「ウミカジテラス」をオープンさせた。地中海をイメージした白壁で建物が統一されており，そこにはステレオタイプ的なイメージとしての「沖縄らしさ」はない。だがそのユニークさが注目され，口コミや SNS 等を通じて多くの観光客が訪れるようになった。

沖縄に温泉をつくるというアイデアはたしかに斬新である。しかし沖縄には温泉も銭湯も少なく，入浴はシャワーで済ませるという人も少なくない。そこに成算はあったのだろうか。近藤氏は著書で，地域の価値を創出するに

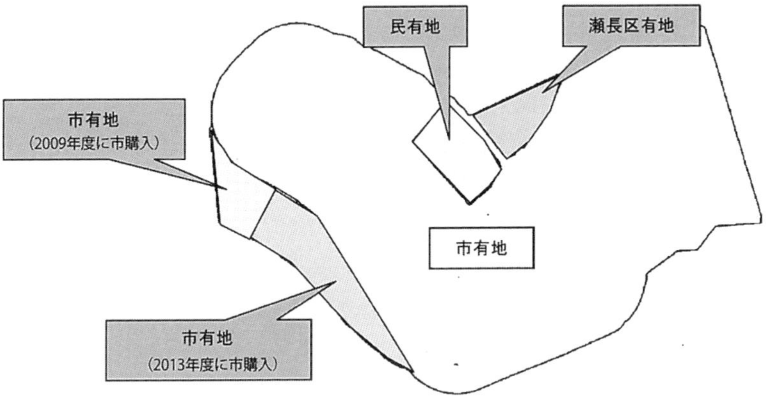

（出所）豊見城市「瀬長島観光拠点整備計画」（2013 年）を一部改変。

図 5-4　瀬長島の土地所有状況

は「外部視点の現地化」が必要だと述べている（近藤康生 2011: 139）。「温泉をつくる」というアイデアは，沖縄はもちろん本土でも奇異に受け止められたというが，他方で「沖縄の人も温泉目的で旅行している」との調査結果や，「日本といえば温泉」という外国人観光客のニーズもあった。温泉によって「これまでとは違う沖縄観光のルートが生まれる」（近藤康生 2015: 88）との確信があったという。

観光論的文脈に置き換えていえば，これは「沖縄で飛行機を眺めながら温泉に入る」という差異化された観光のまなざしが，ホスト側である WBF 社によって構築されていったプロセス，ということになろう。このまなざしの枠組においては，それまで開発の障害とみなされてきた那覇空港や飛行機も，テーマ化された「観光の場」（Urry & Larsen 2011 = 2014）の一部を構成するようになるのである。加えて，まなざしの対象が瀬長島だったことも重要である。地元の人びとにとって瀬長島は「神の島」という意味が付与されたかけがえのない「場所」（place）であるが，ゲスト側の観光客にとっては，瀬長島は「空間」（space）として経験されていた。飛行機が見られるという独自性はあったとはいえ，大半の観光客にとっては，瀬長島はありふれた「地元の人たちの憩いの場」として経験され，卓越したまなざしが向けられる対象ではなかった。観光のまなざしを創出するには「場所」よりも「空間」のほうが容易なのである。

観光客は必ずしもこの島に「沖縄らしさ」を求めているわけではない。人びとは瀬長島に来て，この島に投げかけられている記号的に構成された観光のまなざし――「のんびり飛行機を見ながら温泉に入る」や「インスタ映えするおしゃれな白壁」といったまなざし――を消費しているのである。また観光は，他者のまなざしを意識した社会的な「パフォーマンス」としてもとらえられる。スマートフォンで撮影したウミカジテラスの建物や瀬長島からの夕陽の写真をSNSで共有することを通じて，観光客も観光のまなざしの再生産に加わっているのである。

一方，地元の人にとっては瀬長島が「憩いの島」であることに変わりはない。WBF社での聴き取りによれば，温泉施設「龍神の湯」は宿泊者でなくても利用でき，最も多いときで一日に1千人もの利用者があったという。宿泊客と地元客の温泉利用者比率はほぼ半々で，シーズンオフには地元客が7～8割を占める。沖縄では珍しい天然温泉があることから，ホテルは県内からの宿泊者が25%を占めているという(11)。

WBF社による瀬長島の観光地化は順調であるように思えたが，2020年，新型コロナウイルスの世界的流行によって日本の観光産業は大打撃を受けた。同年，WBFホールディングスを含むグループ会社3社が経営破綻して倒産，近藤氏はグループ代表を辞任した(12)。なお，瀬長島ホテルを運営している子会社のWBFリゾート沖縄（現・リゾーツ琉球）は倒産をまぬかれた。

9　おわりに

本章では，「基地の島」を経て「観光の島」として跡地利用がなされた豊見城発祥の「神の島」瀬長島を取り上げ，島の跡地利用を阻んだ要因，そして観光開発へと転じていった経緯について考察を試みた。最後に，本事例が今後の返還軍用地の跡地利用に対して持つ意味について述べたい。

本章の冒頭で，瀬長島を跡地利用の「成功事例」と述べたが，今や瀬長島は返還軍用地の跡地利用として以上に，官民連携による公有財産利活用のモデルケースとして注目されるようになっている。ただしそれはあくまで現在の瀬長島に対する評価であって，殊に跡地利用に引きつけていえば，瀬長島の事例はむしろ沖縄の公有地における跡地利用の困難さを示すものであった。もちろん，開発の根本的な障壁になっていた航空法・都市計画法上の規制は那覇空港に隣接する瀬長島固有の事情であり，そのまま跡地利用全体に一般化できるものではない。だが，こうした一見抗うすべのなさそうな障害の存在，あるいは障害が存在する（かもしれない）という観念自体が計画を頓挫させる可能性は，他のどの跡地利用の現場でもあるはずである。それに加えて，自前の開発資金の確保が難しいのは豊見城に限ったことではなく，特に小規模自治体では予算規模や事業の継続が首長の意向や議会の動向に左右されやすい。また，高い専門性を有する職員の有無は開発計画の成否に大きく関わるだろう。十分な予算も魅力的な計画もなかった豊見城では，次第に跡地利用の気運が失われていき，ついには「ゴミの島」なる汚名まで生まれてしまった。基地返還から 30 年以上もの間，公有地の跡地利用が抱える困難を身をもって示してきたのが瀬長島だった，といってもいいのかもしれない。

そんな状況のなか現れた本土企業は，豊見城の人びとにとっては救世主のように思われただろう。温泉掘削やホテル等の建設費用はその企業が捻出した。地中海イメージのウミカジテラスと合わせ，いわゆる“沖縄らしさ”とはほど遠い「観光のまなざし」を創出し，それを沖縄観光の主軸にするべく組み込んでいったのである。他方豊見城市は，島の道路・展望台・無電柱化・駐車場などの整備や国有地買収に国の一括交付金を用いることで，市の負担を最小限に抑えることができた。完成後はホテルなどの賃料や入湯税，法人税が入ってくるし，波及して市内の他の地域への経済効果も期待できる。かくして積年の課題であった瀬長島開発はひとまず成功裡に進められたのであった。

しかし一方で，沖縄観光が抱える課題もこの島から浮き彫りになった。想定外だったコロナ禍による WBF 社の経営破綻は，インバウンド頼みの綱渡り的な日本の観光産業のもろさをさらけ出した。その反面，瀬長島進出をうかがう企業はコロナ後も依然として多く，2024 年中にはホテルの新規開業が予定されており，ほかにも島内にマリーナを整備するという案も現れている。限られたキャパシティのなかで島の魅力を維持しながら観光地化を進めることは可能なのか。リゾート施設が所狭しと建ち並ぶ「観光施設地化」になりはしないか。これまで，跡地利用の遂行自体が第一目標であり，中長期的な視野があったとはいえなかった瀬長島開発は，すでに新たなフェーズに入っている。

(1)　沖縄県知事公室基地対策課『沖縄の米軍及び自衛隊基地』（令和4年7月）
(2)　『広報とみぐすく』第121号（1976年1月）
(3)　日本軍からの島外への立ち退き命令は，1944年の10・10空襲よりも以前であったという証言もある（大城達宏 1999: 20; 豊見城村史戦争編専門部会編 2001: 391）
(4)　上原芳雄氏（瀬長区）へのインタビュー（2017年10月5日）
(5)　『広報とみぐすく』第100号（1972年9月）
(6)　『広報とみぐすく』第95号（1971年10月）
(7)　『広報とみぐすく』第121号（1976年1月）。同記事で赤嶺元村長は次のようにも述べている。「思えば，あの当時に3千円で買った瀬長島が，1976年の地料が7741万円にもなっており，実に2万5千倍という大金が毎年村収入となり，村財政にゆとりと潤いを与えている」。
(8)　『広報とみぐすく』第464号（2004年11月）
(9)　金城豊明氏（元豊見城市市長）へのインタビュー（2017年10月5日）
(10)　『広報とみぐすく』第102号（1972年12月）
(11)　兼城賢成氏（WBFリゾート沖縄社長）へのインタビュー（2017年9月7日）
(12)　WBF社はその後民事再生手続きを終結させ，2022年に近藤康生氏が社長に復帰している。

■参考文献

近藤康生，2011，『なぜ，人は旅に出るのか』ダイヤモンド社。

────，2015，『25億の借金をしても沖縄・瀬長島につくりたかったもの』ダイヤモンド社。

難波孝志，2015，「沖縄軍用地の過剰開発プロセスにおける自治体の役割」『日本都市社会学会年報』33：123－141。

沖縄県知事公室基地対策課編，2018，『沖縄の米軍基地』（平成30年12月）

大城達宏，1999，「戦時下の字瀬長」『豊見城村史だより』 4：17－24。

豊見城市議会史編集委員会編，2009，『豊見城市議会史　第4巻　通史編』豊見城市議会。
豊見城市教育委員会文化課編，2008，『瀬長グスク他範囲確認調査報告書』豊見城市教育委員会。
豊見城市市史編集委員会民俗編専門部会編，2008，『豊見城市史　第2巻　民俗編』豊見城市役所。
豊見城村史戦争編専門部会編，2001，『豊見城村史　第6巻　戦争編』豊見城村役所。
豊見城村史編集委員会編，1964 = 1993，『豊見城村史（復刻版）』豊見城村役所。
Urry, J. & J. Larsen, 2011, *The Tourist Gaze 3.0,* London, Sage Publication.（= 2014，加太宏邦訳『観光のまなざし〔増補改訂版〕』法政大学出版局）

第6章
ラベルとしての「共同売店」

——南城市あざま共同売店を事例として——

難波孝志

1　共同売店研究の意義

2018年11月4日，まったく新しい取り組みともいえるクラウド・ファンディングによる「あざま共同売店」という名前の共同売店が，沖縄県南城市字《あざ》知念安座真に開店した。岡山県出身の藤原明美氏が，買い物とゆんたく（おしゃべり）の場所を提供し，住民や観光客の交流の場にしたいといった趣旨から，共同売店の新規設立を目指したという（『沖縄タイムス』2018年2月28日）。開店当時，経営学を専門とする筆者の同僚は，店舗の経営という視点で見れば，本書の対象地域である沖縄本島南部に位置する知念安座真地区は，豊かな土地であり共同売店の必要性はまったくないという。共同売店は，かつて産業の乏しかった沖縄本島北部を中心に発展したという経緯を持つ。

共同売店に関するほとんどの先行研究は，買い物難民対策や共同出資による売店の経営方法に焦点が当てられてきた（安仁屋他 1979; 宮城 2009; 2010; 眞喜志 2009; 2012; 村上 2017; 山本 2018; 2020）。つまり，福祉的観点や経営的観点からの研究が主であった。また，宮城は，共同売店という鏡に，「沖縄の村落と個人や村落内の人間関係」が映し出されるのだという。共同売店を村落共同体そのものだと位置づけるのである（宮城 2004: 14）。言い換えると，共同経営を希望する個人の自由意思に基づいた持ち株によって運営されていることではなくて，字・区（あるいは部落）によって運営されていることに着目して，共同売店を沖縄的な村落共同体そのものとして分析し，そこに沖縄的な村落構造を見出そうというのである。たしかに，名護市喜瀬区（喜瀬字誌編集委員会 2009: 263），金武町《きんちょう》屋嘉区（屋嘉区誌編纂委員会 2005: 28）の字誌を見ると，字の行政の項目に公民館やコミュニティセンターと並んで掲載されていることに気付く。大事なことは，地域の単なる小売店としての共同売店ではなくて，地域住民組織としての共同売店の姿がここに浮かび上がってくる。

それではなぜ，村落共同体など存在しない，コンビニ・宅配時代ともいわれる今日，共同売店は生き残ってくることができたのだろうか。現代社会では，むしろ生き残っていること自体が不思議だともいえよう。名護市の呉我《ごが》共同売店は，1947 年の営業開始から 70 年余りの歴史の幕を閉じた。もともと呉我共同売店は区が経営していたが，2005 年に支援団体へ経営を引き継ぎ，生きがい広場として個人経営化した。この時点ですでに，個人経営の売店だったとすれば厳密には共同売店とはいえなくなっていた。区長（2016 年 2 月当時）への聴き取りでは，市からの補助を受けて福祉型の共同売店を目指して再興するはずだった。しかし，2018 年 10 月に同区を訪れてみると，わずか 200 m 離れた場所にコンビニが出店し，共同売店の再興はまったくかなわなくなってしまっていた（2022 年 8 月再確認）。このように，共同売店の存続は現代社会においては，きわめて困難であるのだ。

ここで，共同売店研究の社会学的意義について確認してみよう。まず第 1 に，地域の共同性を担う存在としての共同売店（山本 2020: 150）という点に着目してみよう。これまでの共同売店研究が指摘してきたような，地域社会の共同性（沖縄的な共同性）は本当に存在するのだろうか。宮城も指摘するとおり，それは「期待概念」に過ぎない（宮城 2020: 425－427）のではなかろうか，という点である。第 2 は，沖縄には米軍基地が集中しているという現実と共同売店の運営である。「もうひとつの共同売店」ともいうべき，軍用地料による売店の運用である。いわゆる「アソシエーション型郷友会」（難波 2016）と同じ原理で，字あるいは区が所有している軍用地からの軍用地収入，あるいは分収金収入（難波 2013）を活用できるからこそ，共同売店が存続できるという点である。第 3 は，「共同売店」というブランドのラベルの存在とラベルを使うことの効果である。ここで最もいいたいことは，これまでの

「共同売店」研究の成果からは程遠い個人商店に，「共同売店」のラベルを貼ることによって，新しい共同性を生み出していけるのではないかという点である。

以上を踏まえて，本章の目的は，ひとつは共同売店を地域の住民組織として位置づけた上で，その存続の可能性を考察すること，そしてもうひとつは，「共同売店」というラベルが，今までなかった新しい共同性の源泉になり得るかという点を考察することである。

2　共同売店研究の背景

共同売店研究の背景を簡単にたどっておこう。まず第1に，村落共同体と共同売店の研究である。共同体的組織のひとつの典型として共同売店をとらえようとする研究である（安仁屋他 1979; 堂前 1984）。これらの研究は，地割制度の桎梏からの解放と土地所有における私有財産制度の確立，資本主義的営利追及の時代の到来などの観点から，「資本主義的営利主義の攪乱から村落共同体を防衛する共同組織として設立」した（与那国 1993: 205）組織が共同売店だったと主張する。いうならば，明治以降の沖縄の地域社会への初期資本主義の流入を，「共同体意識に根差した社会組織」すなわち村落共同体としての共同売店が阻止したという理解である。

第2が，地域行政の担い手としての共同売店研究である。仲地博の共同売店型住民自治組織では，共同売店は次のように位置づけられる。「全住民が共同売店の株を持ち」「部落（字）の役員は共同売店の運営委員であり」「共同売店は住民組織と不離一体」であり「共同売店の利益から部落の財政に資金援助を与え」る。そして，最高意思決定機関でもある「総会は部落（字）の総意を以ってこれにあたる。」つまり，共同売店は「ムラの人たちによる村落自治」=「ムラの政治」機構のなかに明確に位置づけられていたのである（仲地 1989: 205）。これは，財政学者が財政面から住民自治組織の類型化を行ったときの共同売店の位置づけである。共同売店が地域行政の財政を支えてきたという現実をとらえようとしている。また，共同売店は，産業組合からの派生組織であって，組合員による出資を原則としているというのだ。あざま共同売店のような，地域社会からはるかに解放的なクラウド・ファンディングによる出資とは対極にある発想といえるだろう。この研究は，社会学的には，共同売店は地域のアソシエーションのひとつだという特徴を持つ。

第 3 が，「期待概念」としての沖縄村落共同体および共同売店という研究である。宮城は「現在我々が沖縄村落の特質だと考えている相互扶助や自治の強さといった沖縄村落の共同体像は，実は，……共同売店の共同運営というシステムを作り上げていく過程で形成されていった」（宮城 2020: 423）と仮定する。また，沖縄の村落社会研究においては，「「過酷な歴史」「強い共同性」「自治意識の高さ」といった沖縄村落共同体像が使用」（宮城 2020: 426）されてきたが，「沖縄出身者は，沖縄村落の特質や歴史を，どちらかというと克服すべき課題として捉えようとする傾向があるのに対して，県外出身者は沖縄村落社会共同体に「彼自身の共同体への思い入れ」あるいはその裏返しを語る傾向がある」（宮城 2020: 426; 北原 1996 = 2000: 193）という。つまり，過酷な沖縄の歴史状況を生き抜くために沖縄的な共同性のもとに沖縄村落共同体がもともと存在していて，村落共同体があったからこそ共同売店が設立できたというのではなくて，共同売店を研究するなかで，相互扶助や自治といった村落共同体像が作り出されていったというのだ。そして，沖縄の村落共同体および共同売店は，実際に存在するものではなくて理想であるという主張である。

3 「共同売店」であることの指標

冒頭で紹介したあざま共同売店について，共同売店ファンクラブ(1)事務局の眞喜志敦氏とあざま共同売店経営者の藤原氏と 3 人で議論したことがある。藤原氏自身は，クラウド・ファンディングという手法を使うことが投資者の共同による経営方法であることから，「共同売店」という名前を使ったと説明する。だが，ブランドとしての「共同売店」という店名を利用してはいるが，正確にはあざま共同売店は共同売店ではないと，眞喜志氏は結論づけていた。では，共同売店とはいったい何か？　ここまで共同売店研究の背景をまとめてきたが，共同売店と呼ばれるのはどんな組織・企業か，一度まとめ

表 6-1　共同売店の指標

指標 1	字（区）を単位とした地域住民（ほぼ全世帯）の共同出資による店舗の設置
指標 2	地域住民による店舗の運営（共同売店の一部の役員を字の役員が兼任）
指標 3	共同売店収益の地域住民への還元
指標 4	地域住民（権利保有者）への支援活動（掛け売りを基本等）

ておく必要があろう。

宮城が共同売店を簡単に説明した文章をまとめると，**表 6-1** に示したように 4 つの指標が浮かび上がってくる（宮城 2004: 15)。指標 1 は，字（区）を単位とした地域住民（ほぼ全世帯）の共同出資による店舗の設置である。まずは字が共同売店の出店の単位であることが重要である。共同出資には，字による直接経営と字の住民のなかから株主を募るという組合員方式の 2 つがある。直接経営は文字通り字が全面的な経営者となる。他方，組合員方式は，字に居住するほぼ全世帯が株を購入して株主＝組合員になるのである。いわば字内に加入メンバーを限定して，生活協同組合（Co-op：生協）と同じような仕組みで運営されているということである。指標 2 は，地域住民による店舗の運営（共同売店の一部の役員を字の役員が兼任）である。字の責任者たる区長が総責任者で，区の常会（総会）で選出された主任といわれる店舗の責任者を置くことが多い。実際には，区外に居住する個人経営者に経営を請け負ってもらう，個人請負のケースが少なくない。指標 3 は，共同売店収益の地域住民への還元である。指標 1 で示した経営形態を採るならば，売り上げの利益は組合員に還元することになる。ただ逆にもし，損失が発生した場合は，組合員全員すなわちほぼ全世帯の字の住民に，その負債がのしかかってくるのだ。指標 4 は，地域住民への支援活動（掛け売りを基本としていた）である。たとえば奥共同店では，猪害対策としての猪垣資金，出稼ぎ者への渡航費，病気療養費，育英資金などの資金貸付，PTA や各種団体の活動費，青年文庫，児童文庫（学校図書室）への助成等が行われてきた（奥共同店 100 周年記念事業実行委員会編 2008: 52 - 55, 61)。同時に，売店側が売掛帳に記入するだけで，現金を支払わなくても期日までに支払うという約束で掛買いができる仕組みを持っていることである。これこそが「信用」という共同体の基盤である（宮城 2010: 85）というのだ。

こうした4つの指標とは別に，宮城は，経営形態が字による直営あるいは個人請負である（宮城 2004: 15）と述べる。字による直営であるならば，指標1，指標2と矛盾することはない。ただ，宮城自身が「個人経営への移行を，請負による共同売店経営と見るか共同売店の閉店と見るかは微妙なところである」（宮城 2004: 19）と指摘するように，個人請負は厳密には共同売店とは言えないのではないか。実際の個人請負は，店舗の建物，冷蔵庫，電気代・水道代などの光熱費などを字の負担として，売店の経営を区の常会で選任した個人（区の居住者に限らない）に請け負わせるという形態を採っている。もちろん，利益はすべて経営者個人が得る。ならば個人請負は，指標1はまったく当てはまらないばかりか，指標3，指標4も当てはまらないことになる。

こうして共同売店であることの指標を整理してみると，現在「共同売店」として営業しているほとんどの売店が，その特性を失っていることが理解できる。

4　運営主体別に見た共同売店の形態

前章で検討した指標を参照しながら，3つの共同売店の事例を紹介しよう。まず第1は，区による運営を目指した共同売店である。いわば，共同売店の4つの指標をすべてクリアするといってもよいだろう。大《おお》宜《ぎ》味《み》村《そん》喜《き》如《じょ》嘉《か》共同店[2]は，2021年4月から個人請負を辞めて，区からの委託で区の直接経営を始めた。区の予算でもって，2名（専任1名，パート5名）に営業を委託したのだ。ここでは30年以上売店経営の希望者への請負で個人営業を続けてきた。ただ，これでは単に共同売店という名前の個人店が営業しているだけで，経営者の経営方針と集落の要求の間に乖離が生じた。最も大きかったのは，自宅まで配達もしてほしいといった要望や，区の行事に合わせた営業日の設定などの区民からの要望と，経営者の経営方針がかみ合わなかったことだ。そこで，以前の本来の共同売店の形態に戻したわけである。ところが，2022年に入って，区民から不満の声が上がり始める。経営が順調なときはよいが，赤字になった場合，共同店でストックしている費用で補填するという区の方針に疑義が生じたのである。そもそも区民のものであり，区民のためにどうするか，3か月間，区の会議を重ね，2022年8月から最終的に委託から区長自らの請負へと戻すことになった（以上2022年8月インタビュー調査による）。言い換えると，共同売店に利益が上がった場合は，共同経営者である区の住民に配当されるが，利益が見込めず負債を抱えたときは，区長がポケットマネーでその負債を補填するシステムである。経営的にいえば，区民全員の無限責任による経営から，無限責任を負うのは区長のみで区民は有限責任とするという変更に過ぎない。そもそも地域に居住する区民全員で，買い物弱者を救済する必要があるのか。行政による公的な福祉に委ねるべきではないか，個人がタクシーを使うなど私的に解決すればよい問題ではないかなど，まさに地域自治の観点から考えると，意見が分かれるところであろう。共同売店を，村落共同体を写す鏡と考えるとどうだろう。すでに村落共同体としての共同売店は実質存続しえないということはできないだろうか。

第2は，軍用地料を活用した共同売店についてである。金武町並里区の「売店」は，2022年9月に設立された区の直営店である。ここであえて共同売店と表記しなかったのは，総責任者である区長自身が，ここは「共同売店ではない」と明言しているからだ。区長によると，共同売店とは「北部のいなかで，交通の便の悪いところに昔からあったもの」だから，並里のように交通の便の良い土地には当てはまらないということのようだ。並里売店は区内から募集した店長1名とパート3名の4名でローテーションを組んで営業している。並里区には，区長の他に12名の議員で構成される区の議会があって，すべてそこで十分な審議が行われ決定されたという。また，並里区は軍用地料収入もあって豊かな土地でもある。並里区は，区が所有する区有地が軍用地として接収されている。そして，分収金収入といって，区内にある町有地の軍用地からの収入の半分が区に入るため，財政的には豊かである。もちろん，区を挙げて営業の努力は行っているが，利益に執着する必要はなさそうで，区民への支援が大きな目的であるようにも見える。ただ，掛け売りは行っていない。そうすると先の共同売店の指標でいうと，区の直接経営であって区の住民すべてが区に所属していて区の組織の一部であることから，掛け売り以外の共同売店のすべての指標をクリアする。並里区は，区が所有する軍用地からの収入を，効果的に活用して区民支援に活用している事例である。

第3は，文頭で言及したクラウド・ファンディングによる共同売店の設立である。前述のとおり，あざま共同売店は，2018年11月に設立された個人経営の商店である。もちろん，共同売店の指標には，まったく合致しない。沖縄本島南部の南城市字知念安座真区，聖なる島として有名な久高島へ渡るフェリーや高速艇が発着する安座真港の近くに店を構える。開店当初は，日用雑貨や調味料を取り扱うのみだったが，その後，地域の若手芸術家の作品やグッズ，民芸品，お土産品，地域のレストランのお弁当など，幅広い商品を取り扱うように発展していく。お店の外壁には，地域の芸術家によるペイント・イベントを開催し，地域の子どもたちによる手書きのペイントも施されている。久高島への航路の欠航案内，地域の見どころ紹介などSNSをフルに活用しネットを通して発信し，レンタサイクル事業を始めるなど観光客へのサービスにも力を注いでいる。さらに，地域の高齢者のために，売店で取り扱っていない品物を代行で買いに行くなど買い物代行も実施している。当然，Aコープによる移動販売の地域進出といった商売敵も現れるが，地域社会の縁（社会的ネットワーク）を大切にしながら，着実に顧客を増やし続ける。そんなあざま共同売店に突然の危機が訪れる。2022年7月借りていた土地の所有者の土地売買によって，突然の立ち退きを言い渡されたのだ。しかし，店主の藤原氏の行動は早かった。7月31日にこれまで営業してきた店舗を閉店とした後，8月1日から地域の顧客の提供によるトラックの荷台を活用した仮店舗への引っ越しを行い，8月10日には仮店舗での営業を再開したのだ。11月からは，新たにクラウド・ファンディングによる再度の投資者の募集も始まった。最初のクラウド・ファンディングと大きく異なるのは，最初が藤原氏個人によるクラウド・ファンディングによる募集であったのに対し，2回目は「あざま共同売店ファンクラブ」というこの売店を支援する有志のグループによる募集であったという点だ。藤原氏が4年間に培ってきた地域社会の縁は，こんな形で実を結んだのだ。2023年3月28日に仮店舗は再度引っ越しに入り，4月1日には以前より安座真港やあざまサンサンビーチにほど近い場所で，営業を再開する。もちろん，新しい店舗でも地域の芸術家によるペイント・イベントを開催しトラックの荷台を活用した店舗にペイントが施され，さらに海水浴客が多いことからトイレを併設した。このように地域社会になくてはならない存在に成長を続けている。藤原氏自身はというと，本土からの移住者が入り込むのは難しいとさえ言われる沖縄の字において，あざま共同売店を営業することによって地域社会との絆を深め，字の役員を引き受けるに至っている。このことは，あざま共同売店が指標2をクリアしようとしているのであって，指標をまったくクリアしない個人請負の共同売店を凌ぎつつあるといってもよいだろう。

冒頭でも触れたように，開店当初から地元の大手新聞社に取り上げられ，開店後もペイント・イベントのときなど幾度もあざま共同売店は新聞やテレビで取り上げられてきた。これは，クラウド・ファンディングという新しい手法を活用したこともさることながら，最も大きいのは，店名に「共同売店」というラベルを使ったからに他ならない。期待概念としての「共同売店」がラベルとして地域社会の中で機能し始め，さらにマスコミがラベルを強化する。そして「共同売店」のラベルが地域社会を，期待概念としての「共同売店」ないしは「地域共同性」へと導き始める。そんな図式がここでは成り立っているのではなかろうか。

5 「共同売店」というラベルに込められた期待

ラベルとしての「共同売店」には，どのような期待が込められているのだろう。第1に，共同売店消滅の危機からの復活である。冒頭の呉我共同売店のように，大きな方向性として共同売店が淘汰されるのは時間の問題である。実際に，多くは個人請負であって，指標1～4を満たすことのできる字の直営あるいは組合員方式はごくわずかになりつつある。直営あるいは組合員方式のなかでも，地域住民への支援活動が行えるものは限られていて，さらに掛け売りを現在も実施できるのは，潤沢な資金を持つものに限られる。また，奨学金などの支援活動は，軍用地料の財産管理団体（アソシエーション型郷友会）等（難波 2016）へ移行していることも事実である。そんななかで，あざま共同売店のように，権利保有者と支援を受ける地域住民を同一コミュニティ内のメンバーに限定せず，社会的ネットワークで権利保有者を募るのは，新たな方法として期待できる。

第２が，ゆんたくの場の機能である。先行研究が示すような買い物難民対策や高齢者福祉といった機能は，喜如嘉共同店の事例が示すように，本来自治体行政あるいは個人が担うものであって，地域の住民組織が担うものではないだろう。むしろ，老若を問わず，地域住民や観光客というような居住地を問わず，ゆんたくの場＝交流，情報交換の場で「いちゃりばちょーでー（一度会えばみな兄弟）」こそが唯一残された最も重要な共同売店の機能ではなかろうか。

第３に，軍用地コモンズを守るための組織としてである。軍用地料収入のある字では，共同売店は軍用地料を字全員のものとしないための対策として，利用価値の高い組織であろう。並里区は区に居住するほとんどの住民が区民であるので，区の住民≒出資者であるが，区の住民＞出資者の場合は共同売店を設立することによって，出資者でない区の住民に対して間接的な支援が可能になる。言い換えれば，軍用地料収入をその権利のない住民に直接手渡すことはできないが，共同売店によって間接的に支援することはできるようになるのである。

第４に，新しいアイデアを提案できる共同売店経営者の育成である。「共同売店」というラベルを付けさえすれば，誰が経営しても成功できるか。もちろん答えはノーである。あざま共同売店は，経営者本人のボランタリックな福祉的な意識から売店の出店・運営を始めた。休業日には，南城市観光協会認定ガイドとして，斎場御嶽《せーふぁーうたき》の案内人も務めている。また，南城市役所主催のなんじょう市民大学（なんサポ）の修了者でもあって，市当局とのパイプも太い。また，SNS の露出度も高くフォロアーの数も少なくない。持ち前の性格と相まって，友人ネットワークの質と量両面の充実度が，彼女を支えている。こんな経営者の出現を「共同売店」は期待している。

6　まとめ

最後に，まとめとして以下の３点を指摘しておこう。第１に，沖縄における今までの地域（字）依存型の共同売店から，地域の枠を超えたネットワーク型の新しい地域住民組織としての共同売店の出現とその可能性を提示できた。第２に，ラベルとしての「共同売店」の活用はさらに進化し，一人歩きを始めるのではなかろうか。一度形成されたラベルは，地域社会の新しい共同の拠点の形成に寄与するとともに，正のスパイラルを形成するのではなかろうか。そして最後に，かくいう本章自体も「共同売店」の新しいラベル形成の片棒を担ぐことになる。

(1)　共同売店の魅力をネット上（ブログ，Facebook，Instagram 等）で発信している。『共同売店ファンクラブ通信』の発行（2011 年 11 月から）を通じて，共同売店の広報活動，資料収集活動を行っている。2012・13 年には，『共同売店ガイド＆マップ』を作成したが，現在『共同売店マップ 2023』を制作中である。

(2)　大宜味村喜如嘉共同店については，宮城（宮城 2004: 17 - 20）がその規定改正について，1966 年から 1998 年まで時代を追って詳述している。

■参考文献

安仁屋政昭・玉城隆雄・堂前亮平，1979，「共同店と村落共同体――沖縄本島北部農村地域の事例（1）」『南島文化』創刊号，沖縄国際大学南島文化研究所，47 - 186。

堂前亮平，1984，「伊平屋・伊是名における共同売店と村落共同体」『伊平屋・伊是名調査報告書：地域研究シリーズ No.5』沖縄国際大学南島文化研究所。

喜瀬字誌編集委員会編，2009，『しらが杜の栄え――喜瀬の浦誌』名護市喜瀬区，263。

北原淳，1996 = 2000，『共同体の思想――村落開発理論の比較社会学』世界思想社。

奥共同店 100 周年記念事業実行委員会編，2008，『創立 100 周年記念誌奥共同店』。

眞喜志敦，2009，「［高齢者を輝かせる仕組みづくり］地域のくらしを支える共同売店」『都市問題』100（9），東京市政調査会，88 - 94。

――――，2012，「やんばる：共同売店に学ぶ」桜井国俊・砂川かおり・仲西美佐子・松島泰勝・三輪大介編『琉球列島の環境問題――「復帰」40 年・持続可能なシマ社会へ』高文研，14 - 22。

宮城能彦，2004，「共同売店から見えてくる沖縄村落の現在」『村落社会研究』11

(1)：13－24。
――――，2009，『共同売店――ふるさとを守るための沖縄の知恵』沖縄大学地域研究所。
――――，2010，「村落共同体の象徴としての共同売店」智内好文『ウチナー・パワー――沖縄　回帰と再生』コモンズ，78－105。
――――，2016，「沖縄村落社会研究の動向と課題」『社会学評論』67（4），日本社会学会，368－382。
――――，2020，「共同売店から見えてくる沖縄村落の現在」『共同売店の新たなかたちを求めて――沖縄における役割・課題・展望』編集工房東洋企画，157－191。
村上了太，2017，「買い物弱者対策を目的とした地域協働の日英比較――共同売店を基軸として」『沖縄国際大学　経済論集』10（1）：7－25。
仲地博，1989，「属人的住民自治組織の一考察」『裁判と地方自治』敬文堂，203－228。
難波孝志，2013，「沖縄の軍用地におけるコモンズの諸問題――杣山の軍用地料分収金をめぐる諸相」『大阪経大論集』63（5）：27－45。
――――，2016，「沖縄軍用跡地利用とアソシエーション型郷友会――郷友会組織の理念と現実」『社会学評論』67（4），日本社会学会，383－399。
屋嘉区誌編纂委員会，2005，『屋嘉区誌』金武町屋嘉区事務所，28。
山本素世，2018，「地域の課題解決としての拠点づくり――先駆としての沖縄県における共同店設置事例」『コミュニティ政策』16：110－137。
――――，2020，「共同店と地域社会――恩納村真栄田区を事例として」難波孝志編『米軍基地と沖縄地域社会』ナカニシヤ出版，149－166。
与那国暹，1993，「沖縄村落の社会的特質」『ウェーバーの社会理論と沖縄』第一書房，204－206。

第7章
合併自治体南城市の地域課題を考える

――まちづくりと地域住民組織の関係を中心にして――

田村雅夫

1　沖縄県南城市の現況と本章の課題

南城市は那覇市から南東の方向に位置し，沖縄本島南部の東海岸に接する自治体であり，北は与那原《よなばる》町，西は南風原《はえばる》町，南西は八重瀬町に接している。筆者は調査に際しては那覇市都心部に宿を取り，そこから車で南城市入りすることが多かったが，那覇市都心部から車で南城市中心部まで30分ほどで行くことができた。沖縄本島は南部の人口密度が高く，那覇市を中核とする大規模な都市圏が形成されている。南城市もその圏内に含まれ，都市圏中心部への雇用圏に入っており，通勤者が集住するニュータウンも建設されてきた。一方で，市の産業構造は第1次産業，とりわけ農業が大きなウエイトを占めている。車で回ってみても市内には商店街などの市街地の集積は見られず，全体としてゆったりとした農村的景観を維持している。南城市は大都市圏の周縁に位置しながらも都市的集積が見られないのである。それゆえ伝統的な地域社会もしっかりと残っており，この地域の現在の基本的社会構造は，まずは，農業従事者を中心とする，この地域に根付いている住民層を基層とし，新たに流入してきた人びとも含めた都市圏中心部に就業している人びとからなる，地域とのつながりが比較的弱い住民層が乗っかる二層構造を成していると考えられる。

次にこの地域社会を構造的視点で理解する際に重要なのは，南城市がいわゆる平成の大合併によって新たに形成された自治体だということである。平成18年1月，佐敷町，知念村，玉城村《たまぐすくそん》，大里村の4自治体の合併によって南城市は誕生した。合併以前の4自治体はいずれも琉球王朝時代からの行政単位である間切であり，それぞれ長い歴史を持つ地域単位として存続していたのである。このことはそれぞれの地域が，単なる行政単位ではなく，歴史的に形成されたまとまりを持つ地域単位となっていたであろうことを想像させる。それゆえこうした地域単位については，現在も，南城市の地域社会を規定する構造的要素のひとつでありうると想定しておく必要があろう。

ところで，生活する人びとにとって身近に他者との関係を規定する要素としては，血縁を契機とする関係と職縁を契機とする関係と地縁を契機とする関係が一般的には挙げられるが，そのなかでも原理的に地域社会の構造的要素となるのは地縁を契機とする関係である。そして地縁による関係が形成される実質的要因は地域生活上のニーズ，すなわちその範域に人びとが住み生活をする上で，連帯して対処することが必要であるという状況の存在である。たとえば特定の地域において，その地域の安全を確保するためには人びとの協力が必要であるという状況があれば，その地域住民の間にそうした協力を可能とするような社会関係が形成され，それを基礎として集団的・組織的活動が行われるようになり，それによってその地域が生活の場として維持されることになる。本章で自治会などの住民団体・組織やその活動に焦点を当てて議論し，その際，それらを地域住民組織という一般的な言い方で表現するが，その場合，そうした社会的まとまりに根ざした住民の相互扶助組織を原型モデルとして想定している。

なお，こうした地縁による社会的まとまりの形成の具体的な要因としては様々なものが考えられるが，地域社会がより大きな社会に包摂されてその社会のコントロール下にある場合，そのコントロールの必要上設定される地域の区割りは，一般的に重要な要因となる。それはその地域単位自体がコントロールの直接の対象となり，そこに住む住民全体がまとまってそれに対応する必要が，多かれ少なかれ生じるからである。国家の地域に対する行政行為が市町村単位で行われるならば，それに対して市町村はまとまりをもって対応する必要がある。そのために市町村はまとまりのある地域社会という性格を何らかの程度に帯びることになる。本章では地方自治体に焦点を当てるが，その際に自治体をひとつの地域社会と想定して議論を進めるのはこうした理由による。同様のことが自治体内部についても言えるのであって，自治体のその住民への行政行為が，自治体内の行政的な区割り単位を対象に行われれば，同様のメカニズムが働く可能性が高いと想定できる。自治体における合併はこうしたメカニズムの複雑な作用が関わる社会現象である。本章ではこれらの点を念頭に置いて，合併自治体南城市の地域社会としての現状とそこで南城市が直面している課題について検討してみたい。

2　合併自治体南城市の誕生とそこでの課題

前節でふれたように南城市は平成の大合併によって誕生した自治体である。平成の大合併は平成 11 年の合併特例法の改正から特例新法の適用が期限切れとなる平成 22 年 3 月末までの 11 年間の期間に行われた市町村合併の総称であるが，南城市は最も多くの合併が行われた平成 17～18 年の時期に合併している（**図 7-1**）。しかしながら 4 町村の合併に至る経緯を見ると，順調に進展したわけではない。この地域における合併協議は，当初，知念村，玉城村，佐敷町，与那原町の間で行われ，「東方市」として成立間際まで行ったが，新庁舎の位置をめぐる意見の違いで破綻する。その後，知念村，玉城村，佐敷町に大里村が加わり合併にこぎつけるという経緯をたどった。すなわちこの 4 自治体の組み合わせは，当初から当然の組み合わせと考えられていたわけではなく，諸事情の結果として成立したものだということである。このことは新しい自治体の一体性形成という観点から見れば，そこに何らかの課題があるのではと思わせる事実である。後で見るように，南城市がその成立時点から「市民の一体感」醸成という課題を強調するのはこうした経緯も影響しているのかもしれない。

ここで平成の大合併がなぜ行われたについて確認しておこう。そもそも大規模な市町村合併はなぜ行われるのであろうか。近代的な地方行政制度である市町村制が導入されてから，大規模な合併のムーブメントは 3 回起きている。いわゆる明治の大合併，昭和の大合併そして平成の大合併である。それらはいずれも国家の強力な指導によるものである。明治の大合併は，もともと江戸時代からのムラやマチなどの共同体単位が基礎である当初の町村を，たとえば小学校の設置や管理運営などの，近代的な地方行政施策を担うことができる規模にするための合併であった。昭和の大合併は，戦後の新憲法で制定が定められた地方自治法で規定された新しい地方自治制度への対応として行われたもので，そこで新たに地方自治体に付与された業務，とりわけ新しく義務教育となった中学校の設置・管理運営を行うことができる規模を確保するための動きであった。

このように，明治と昭和の合併は地方自治制度の創設や改変という，制度的な要因がその根底にあって行われたものである。では平成の大合併についてはどうなのか。平成の大合併の起点となるのは合併特例法が改正された平成 11（1999）年であるが，同年には地方分権を推進するための地方分権一括法が公布されている。すなわち，この年に明治以来の中央集権型統治から地方分権型統治へという統治形態の変革への具体的動きが制度上，スタートを切ったのである。この地方分権化の動きの中で地方自治体に何が求められるのか。それまでの自治体行政は，機関委任事務のあり方に象徴されるように，国や県の指導監督のもとで行われるのが一般的であった。しかし地方分権一括法のもとでは「自助と自律の精神[1]」，すなわち行政サービスや地域づくりとその財源の確保については自らの責任において自らの判断で行っていくことが求められた。ということは，それを行う能力，すなわち高い自治能力が求められたということである。おりしも産業社会化の深化，とりわけ少子高齢化が進むという社会状況のなかで，経済基盤の弱い小規模な自治体の行政能力や行政資源ではこうした要請に応えることは難しいとの判断から，地方分権の受け皿としての自治体に，そうした要請への対応が可能な自治体規模を確保するための合併が奨励されたということである。

さらに時代背景としては，1990 年代前半のバブル崩壊以降深刻化していた国および地方の財政の悪化という状況がある。国はこの財政難への対応として地方財政の改善を合併による自治体財政の効率化に求めたという側面もあるといえる。したがって自治能力向上のための具体的目標として合併自治体には財政力の改善と行政能力の向上，さらにはコミュニティ（共同体）としての地域の自治的パフォーマンス能力の向上が求められることになる。すなわち「自助と自律の精神」は，自治体行政に携わる人びとに求められるのみならず，自治体の構成員すべてに求められたということなのである。言い換えれば，地域の自治能力の向上はその地域がまとまりを持ったひとつの社会として成立していることが重要な要件になるということである。社会学の立場から考察する本章では，この「コミュニティとしての地域の自治的パフォーマンス能力の向上」に焦点を当てて合併自治体の課題への取り組みを取り上げることとする。

さて，こうした背景・状況のもとで南城市の合併が行われるわけであるが，新たな自治体を立ち上げるに際して作成された新市建設計画において，新市建設の基本方針を７つの柱として表明している(2)。そのうちの２つは住民のあり方に関わるものであり，ひとつは「住民と相互理解を深める交流のまちづくり」，もうひとつは「人の和が支える住民主役のまちづくり」である。前者は合併によって成立する新たな地域範囲に住む住民の交流を促進し相互理解を深めることによって地域住民の一体感を醸成してひとつのまとまりを持った地域社会にしていくことを目指すものであり，後者はそうした住民と行政の一体感を醸成して住民の主体的かつ積極的な地域づくりへの参画を目指すものである。南城市はその出発点において地域づくりの重要な柱として住民の一体感醸成と主体性喚起という明確な目標を掲げていたということである。では合併後の経緯のなかでそれらはどのように展開したのであろうか。

南城市としての最初の総合計画は平成20年３月に作成されている。総合計画は自治体のすべての施策計画の指針となる基本的な計画であり，合併市である南城市の場合は新市建設計画を踏まえたものになる。そこでは先に挙げた新市建設計画の基本方針の中の２つの柱はそれぞれ総合計画の中の基本計画の第５章，第７章として位置づけられている。そして第５章の第１項に地域間交流の推進を目標として掲げ，市民の相互理解とアイデンティティの確立が市の課題であり，全市民がまちづくりに参加できる環境を構築して地域間交流を推進することによって市への愛着や誇りを深める必要があるとしている。また第７章では，第１項で市民と行政のパートナーシップの確立，第２項ではコミュニティの充実強化を目標として掲げている。具体的には，

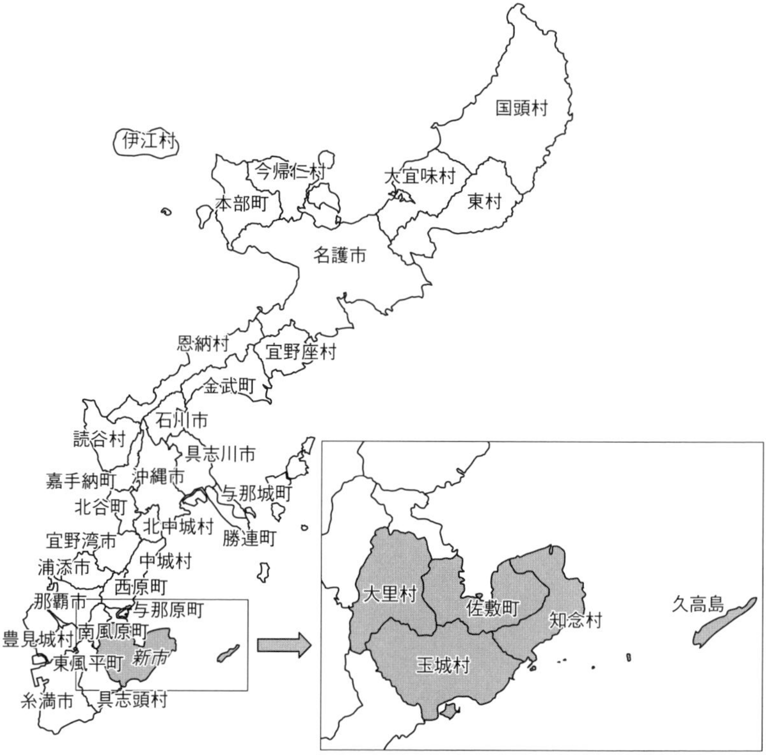

（出所）佐敷町・知念村・玉城村・大里村合併協議会『新市建設計画』，8。

図 7-1　南城市の誕生

第 1 項で市民がまちづくりに参加できる環境を整備すること，市民と行政の協働の体制づくりなどを挙げ，第 2 項では地域コミュニティの中核施設の機能を充分に活用することや旧町村間の地域連携システムの構築，さらにはコミュニティを支える「ひと」づくりなどを挙げている。南城市が出発点において掲げた「住民の一体感醸成と主体性喚起」という目標は，新市の地域づくり施策の全体的方向性を打ち出す総合計画の中に明確に位置づけられた。

この総合計画の実施スケジュールの中間地点にかかる平成 24 年度には中間点検が行われ，平成 25 年 3 月に総合計画改訂版が出されているが，同時に南城市は「ムラヤー構想」を策定，公表する。そこではムラヤー[3]，すなわち自治公民館およびそこを拠点とする地域住民組織を自治的な地域づくりの原点と位置づけ，そこでの地域住民の活動を行政が強力に支援することによって地域コミュニティの活性化を推し進めることが企図された。すなわち「住民の一体感醸成と主体性喚起」のための中核に自治公民館を拠点とする自治会等の地域住民組織を位置づけたということである。さらに平成29年には『ムラヤー利活用戦略』を策定，公表する(4)。そこではまず「ムラヤー構想」を具体的に実践し，行政と地域住民組織が目指すべき地域の将来像を共有することを通じて，住民参加の地域づくりを実現することが目標とされ，そのための具体的な施策が提示されている。さらに「ムラヤーの利活用」を行政が計画策定している様々な計画施策に関連づけて，地域づくり施策の体系的ビジョンと方向性を示すとともに，コミュニティビジネスの実践例を提示して，地域住民のための地域活性化に向けての活動の手引きとしての活用を推奨している。

これらを見ると合併自治体である南城市の地域づくりという課題への取り組みにおいて，一貫して，自治会等の地域住民組織がきわめて重要なアクターとして位置づけられていることがわかる。そこではこの住民組織への働きかけを通して「住民の一体感醸成と主体性喚起」を行うという基本戦略がとられているということである。では南城市における地域住民組織はどのようなものであろうか。この戦略との関連でみてみよう。

3　南城市における地域住民組織の現状とまちづくり戦略

1で述べたように，本章では自治会などの地域住民組織の基本的性格を，地縁を契機に成立する相互扶助組織，その意味で，ある範域の地域に根ざした自治的組織と捉えるが，一方で歴史的には，その地域を統治する上部団体・組織の地域管理の必要上，その地域の住民が組織化されたという現実がある。戦時中に国策によって結成が強制された町内会や部落会はその直近の例である。地域の現実を理解するためには，現実の地域住民組織はこの内発的ニーズと外発的ニーズの２つの成立契機を内包していると捉えておく必要がある。さらに，これも**1**で述べたように，外発的ニーズによる組織化の最も一般的な要因は行政による区画の設定である。市町村の行政区の設定はこのような効果を持つ可能性があることを踏まえておく必要がある(5)。以上の点を念頭に置いて，南城市の地域住民組織の現況について見てみよう。

南城市によれば，現在，地方自治法の規定に則って自治会と認定できる地域住民組織は72団体ある。そのうち，市の行政と制度的に関係を持つ地域住民組織は行政区の範囲をその範域とする住民組織であり，それは70団体である(6)。これらの団体の組織長は行政協力員も兼ねて区長という位置づけになっているので，こうした組織・団体は区や区会と称されることも多い。この行政区を設置してそれを地域住民組織と関連づけるやり方は，合併前の4町村でも行われていた。南城市はこの行政区を地域住民組織とリンクさせて地域住民と行政の関係を形成するという手法を継承したわけである。行政区とリンクしている地域住民組織を旧町村別に見てみると，旧佐敷町の範域すなわち佐敷区域で16団体，知念区域で12団体，玉城区域で18団体，大里区域で24団体となっている。言い換えれば佐敷区域，知念区域，玉城区域，大里区域はそれぞれは16，12，18，24の行政区に分けられているということである。なお，知念村区域と大里区域に1団体ずつ南城市になって行政区扱いになったものがあるが，残りの68団体は合併以前から行政区であったものである。

さらに地域住民組織の形成に関わる地域区分に，町村制における「字《あざ》」がある。それは明治の町村制施行以前の集落の範域を指す名称であり，地域の所在や範囲を示すものである。南城市ではまだ住所表記に使われている。この「字」は地域の範域を示すとともに，明治以前からそこに居住する人びとの共同的まとまりである集落共同体を指す言葉という側面もあり(7)，そうした言葉のニュアンスは地域によっては現在も受け継がれて，地域の人びとにとって自分がどの地域共同体に属する人間であるかを社会的に明示することができるものと捉えられている。その意味でそれは地域社会の重要な構造的単位であったといえる。日本のなかで集落共同体が最近まで維持されていたと思われる沖縄の地域社会では，後で注釈において紹介する事例からもうかがわれるように，こうした感覚が広く残っているように思われる。それゆえ，この字との関連で組織化されている地域住民組織は共同体的性格が強いと理論的には予測される。

さて，南城市の行政区とされている70の地域住民組織の中で，この「字」との関連が見られるものを確認しよう。「字」との関連には2つのパターンが見られる。ひとつは名称が一致し，かつ組織の範域もその字の範域と一致するものである。もうひとつは名称は一致するが，その範域は字の範域の一部となっているものである。字と関連ある地域住民組織は全体で44団体であり，全体の約63%を占めている。その内訳は佐敷地区が16団体中12団体，知念地区が12団体中11団体，玉城地区が18団体中17団体，大里地区が24団体中4団体となっている。その中で範域の一部を占めている団体は8団体である。そのうちの4団体は大里区域にある。このように見てくると，南城市においては全体としては伝統的な地域構造の単位である字が現在でもその機能をかなり残していることがうかがわれる。しかし旧大里村については字と行政区との1体1の対応はまったく見られず，かなり様相が異なっている。その原因は，沖縄県に島嶼町村制が施行されてそれまでの集落単位のムラが字に改称されたときに，この大里村では1集落を除いて字範域に複数集落がまとめられたという歴史的経緯である。その結果，字範域に古からの複数の集落が共存する状況になり，現在に至っているということである。[8]一般的に都市的生活様式が浸透していない農村地域においては，基本的な生活ニーズの共有による共同的まとまりは近接居住する人びとの社会単位である集落であるから，その場合には内発的ニーズによって組織化された地域住民組織の基盤は字ではなく集落であり，そうした状況では住民と行政の制度的接点となる行政区は集落単位で設定するのが合理的である。旧大里村の区域ではそうした理由で現在のような様相になっていると考えられる。要するに南城市域においては，住民の組織化の基本単位は集落であり，字と集落が一致する場合は字単位で，一致しない場合は集落単位で，行政区が設定されているということである。[9]南城市における地域住民組織の制度化は内発的ニーズによる住民の組織化を尊重する形で行われているのである。

このような状況を踏まえると，南城市の地域づくりのために地域住民に参加を促す施策にとって最も効果的と考えられる具体的手法は行政区の活用ということになる。南城市は「市民が主役の南城市づくり」をモットーに掲げて市民，住民のまちづくりへの参加を促す様々な支援事業を行ってきたが，そのための体制づくりに際して，行政組織の枠に縛られない発想や活動で支援を行うことを企図して，外部から人材を招聘し行政組織と切り離す形で組織を立ち上げた。住民の地域づくり活動を支援する担当者を民間人にすることによって，フレキシブルな支援活動ができるようにするとともに，行政と住民の関係をより対等な協働関係にして住民の主体性を喚起することを意図したものと思われる。この組織は当初は「なんじょう地域デザインセンター」として，その後「なんじょう市民活動支援センター」と改組して，現在に至るまで支援活動を続けてきている。その支援活動の中で柱となる活動が，地域住民組織の活性化のためのムラヤー学習会である。南城市では月に１回，市内行政区の行政協力責任者を一堂に会する区長会を開催しているが，この学習会は基本的には２か月に１回，区長会の後に開催されている。学習会の目的は，各行政区・自治会の情報提供や活動の事例紹介などを行い，それを地域住民の地域づくり活動に活かしてもらうことである。筆者も何回か学習会に参加させてもらったが，それぞれの回の報告担当区長が自分の地域の現状や課題，またそれへの取り組みなどについて発表し，それについて討議も活発に行われており，内容の濃い活発な学習会であるとの印象を得た。

ここまで合併自治体南城市のまちづくり戦略という視点から，地域住民組織に焦点を当てた南城市の施策を概観してきた。南城市の自らの力でまちづくりを行う能力の向上，すなわち「コミュニティとしての地域の自治的パフォーマンス能力の向上」を目指しての地域住民組織をターゲットにした戦略目標は，分析的には「地域住民の一体感醸成」，「地域住民の主体性喚起」，「地域住民組織の活性化」の３つの位相の異なる課題によって捉えられる。そしてそこには「地域住民の一体感醸成」→「地域住民の主体性喚起」→「地域住民組織の活性化」→「地域社会の自治能力の向上」という課題の展開過程が想定されているように思われる。ここでは「地域住民の一体感醸成」→「地域住民の主体性喚起」という課題およびその展開過程に焦点を当てて考察を加えてみたい。

4　南城市における地域アイデンティティとまちづくり戦略

合併市である南城市は現在,「地域住民の一体感醸成」と「地域住民の主体性喚起」という基本目標の具体化として「ムラヤー利活用戦略」プロジェクトを推進しているが,それらを実行する要は「ムラヤー」,すなわち区や自治会などの地域住民組織との連携である。ムラヤー学習会はその連携の具体的な展開として位置づけられる。その目的は南城市のまちづくり活動に向けての「地域住民組織の活性化」であり,学習会の活動が「地域住民の一体感」を醸成し,その一体感を梃子にして「地域住民の主体性」が喚起されることを期待していると推測される。たしかに,市のレベルでの,一堂に会しての情報の共有や意見交換などの交流は参加者の市への一体感を醸成する効果を持つと言えよう。また,活発に活動する地区の状況を知ることは参加者にとって刺激となり,主体的な構えを引き出す契機になり得るとも考えられる。ただ,留意しなければならないのは,これらの効果は学習会への参加者である区長・自治会長についてのみいえることであるという点である。区や自治会の住民にそのような効果が及ぶためには,住民が市の次元での交流を十分に体験することが必要条件になるのであり,それは広範囲の範域と人口を擁する市では現実的ではない。では,区長・自治会長への働きかけが南城市のまちづくりへとつながる道筋はどのように描けるのであろうか？　そこでの「地域住民の一体感」はどのように位置づけられるであろうか？

この点をわれわれ個人の身近な問題として理解するためにここでは,「地域住民の一体感」の意味合いを住民個人の立場から再構成してみよう。まず,地域住民が抱く一体感の対象は何かといえば,地域的な集団・組織・社会という社会的集合現象である。そうした社会的集合現象と自らを同一視するところで生じる感覚が一体感であり,そうした同一視の意識が社会的アイデンティティである。すなわち「地域住民の一体感」は,個人の次元では,社会的性格を帯びる地域的事象に対する住民の地域アイデンティティの発露という意識現象として捉えられる。この地域アイデンティティは個人にとって自己を地域に結びつけて定義するものであり,あなたは何者？という問いに対するひとつの答えとなるものである[10]。そしてそうした意識はアイデンティティの対象への貢献を我が事として取り組む態度を生み出す。すなわちその対象への主体的関わりを生み出す，あるいは少なくとも，その可能性を生み出すのである。

この地域アイデンティティという観点から合併市南城市の課題を捉え直してみると，南城市のまちづくりへの住民の主体的参加を喚起するためには，市民の地域アイデンティティを育成し，活性化することが基本的な課題であるということになる。さらにその課題は，合併以前からこの地域に居住する人びとについては，合併以前に形成されている地域アイデンティティを南城市に対する地域アイデンティティにどう統合していくのかという課題と，すでに形成されている地域アイデンティティを南城市のまちづくりにどう活用していくかという課題の，位相の異なる2つの課題として捉えることができる。そして「ムラヤー利活用戦略」においては，この2つの課題を達成することが，地域住民組織を活性化してそれを南城市のまちづくりに活用するという目標達成のための前提条件となっているということである。

その際に踏まえておかなければならないのは，まちづくりへの貢献が期待される地域住民組織の南城市域におけるあり様である。先に確認したように，この地域では市全域に行政区が70設定され，それぞれに地域住民組織が形成されているが，この行政と接点がある地域住民組織の大半（84％）が古くから形成されている集落を基盤として結成されている。さらにその範域が地域名称として公的に確認され明示されている「字」単位で結成されているものが全体の半数以上を占めている[11]。このことは，南城市域に存在する地域住民組織の多くは内的ニーズによって形成・維持されており，その構成メンバーの集落への強固な地域アイデンティティに支えられていることを推測させる事実である。こうした状況を踏まえると，ムラヤーの利活用については既成の地域アイデンティティを南城市のまちづくりにどう活用するかという課題がまずはただちに取り組むことができる課題だということになる。この場合，支援の基本的な形は，その行政区における地域づくりの方向性や手法などを明確にするなどの手助けを行うことによって，地域住民が持っている強固な地域アイデンティティが地域づくりへの具体的な行動へと転化するようにサポートすることである。

しかし，こうしたその区域への地域アイデンティティを活用する方向での取り組みは，南城市に対する一体感の醸成，すなわち市への地域アイデンティティの形成という合併自治体としての課題から見ると，問題をも孕んでいる。特定地域へのアイデンティティ強化はその他の地域や市全体への関心を弱め，それらへのアイデンティティ形成の契機を奪うという可能性があるからである。市内の特定地域へのアイデンティティの強化は市そのものへのアイデンティティ形成の障害になる状況が考えられるのである。

こうした事態への対応としてはもうひとつの位相の課題への取り組みがひとつの解決への方向性である。特定地域を対象に形成されている個別のアイデンティティを南城市全体へのアイデンティティへと統合していくという方向での課題である。ムラヤー学習会におけるこうした課題に向けての試みとしては，課題を共有する地域住民組織の連携をサポートするという支援活動が挙げられよう。南城市内の行政区の横の連携を推進することによって，南城市の地域的一体化を目指すということである。ただし，その際は各地域の独自の地域づくりが前提になるので，そこで目指す一体化は各地域の独自性を前提とする有機的一体化ということになる。

なお，この統合問題は，より視野を広げれば，社会構造の断層への対応という課題として捉えることができる。先に述べたように，南城市の社会構造にはこの地域に根付いている住民層と地域とのつながりが比較的弱い住民層という断層，合併前の旧町村の社会的境界という断層に対応して意識レベルの断層が潜在的に存在しているであろうことは容易に推測できる。そうであるとすると，これらの断層への対応も重要な課題として存在していることになる。

最後に，この「南城市への地域アイデンティティ形成」という課題への南城市の施策について，地域住民組織という枠を超えて触れておこう。この課題を南城市は発足当初から強く意識していたことはすでに確認したとおりである。こうした課題を強く意識した施策として挙げられるのは歴史や文化遺産をめぐる施策である。新市立ち上げ後，早々に開始された市史編纂事業の意図は本書第４章で指摘されているとおりであるし，琉球王朝時代の旧町村地域にまたがった「東４間切り」（あがりゆまじり）という括りやそこでの

「東御廻り」（あがりうまーい）という霊地巡拝行事をフューチャーして各地に点在する遺跡をネットワーク化するという南城市域の観光戦略も，南城市地域の一体性を前面に出したものである。こうした観光戦略も，ある面では，南城市民の統合的な地域アイデンティティ形成という問題意識が反映したものとも受け取れる。

5　おわりに

合併市である南城市は，合併当初から現在に至るまで，「自助と自律の精神」のもとに自治能力のある自治体を目指すまちづくりに向けての努力を精力的に続けている。本章では，主に地域住民組織への施策に焦点を当てて，その営みを紹介した。そうした営みは，単なる1合併自治体における課題への対応事例ということではなく，これからの日本の地域社会のあり方を模索する試みの事例であり，われわれにとっても真正面から向き合うことが求められている社会的課題への挑戦の事例なのである。

(1)　内閣府『今後の経済財政運営及び経済社会の構造改革に関する基本方針』（平成13年6月26日閣議決定），「第4章　個性ある地方の競争――自立した国・地方関係の確立」より。

(2)　佐敷町・知念村・玉城村・大里村合併協議会『新市建設計画』（平成17年3月），「第3章　新市建設の基本方針」より。

(3)　ムラヤーとは，もともとは琉球王朝時代に地域の最小行政単位であるムラに置かれた行政機関，施設を指す言葉であったが，地方制度が大きく変わった明治以降も地域の最も身近な管轄施設を指す言葉として知られていたようである。南城市はそうした歴史・伝統を踏まえてこの言葉を採用したということであろう。戦後，沖縄県の多くの地域では自治公民館が地域の拠点となっている。ちなみに自治公民館とは，社会教育法に規定される公民館とは違い，自治体の行政が設置・管轄するのではなく，地域住民が自分たちの地域のために作るものである。法的には公民館類似施設とされ，行政は公民館活動に準ずるものとしてその活動を支援できる。

(4)　南城市（平成29年2月）『ムラヤー利活用戦略』

(5)　ただし，行政区の設置が必ず地域住民組織を成立させるというわけではないことはいうまでもない。権力による強制の場合を除いて，あくまでも地域住民組織はその地域における生活上のニーズを契機に住民が立ち上げるものである。それはその意味で自治的性格を持つ組織といえる。

(6)　自治会等の住民組織は，本来，住民が自分たちのために自発的に結成する任意団体であるので，行政と必ず関係を持つわけではない。南城市が存在を把握している行政区と無関係な2つの自治会について，令和5年度6月現在で，南城市のホームページに掲載されている自治会紹介欄でもこのうちのひとつはその名称が掲載されているが，他のひとつは名称も掲載されていない。名称が掲載されているところも内容紹介はブランクの状態である。どちらも団地に結成されている団体である。

(7)　こうした意識は，明治の町村制施行以前の，農民支配の行政的単位でありかつ農民生活の共同的単位でもあった近世的村落形態に由来すると考えられる。そこでは農民の共同体とその共同体が生産のために利用する田畑や山林などの範域が一体のものと捉えられていた。

(8)　南城市教育委員会（2010）『南城市史総合版（通史）』

(9)　南城市域においては那覇都市圏の発展に伴って住宅団地という形で大規模住宅開発が行われてきた。そうした地域では団地を単位として自治会が結成され，行政区が設定されている。そうしたタイプの行政区・自治会は佐敷地区で4団体，知念地区で1団体，大里地区で6団体有り，玉城地区には現在のところない。つまり70団体のうち，新しいタイプの団体は11団体であり，古くから集落として成立している地域の団体が全体の84%を占めている。

(10)　ところで社会的アイデンティティは様々な社会的集合現象に対して生成する可能性があり，実際，われわれの社会的アイデンティティは生活の中で関わる様々な社会的集合現象の構成に対応する形で多元的・重層的に構成されている。つまり私とは家族生活においては～家の者であり，職業生活においては～会社の者であり，地域生活においては～市の市民でありかつ～町内の者である等々，多元的・重層的な存在として意識される。

(11)　こうしたタイプの地域住民組織はその名称も，その基盤となっている集落名称も，字名である。本文でも触れたように，自らを表象する名称が公的なものであるという事実は，少なくとも当事者にとっては，社会的認知を示すものとして重要なものと思われる。南城市成立以降，「つきしろ」行政区で平成25年4月，「平良」行政区で平成27年4月にそれぞれその名称を字名とする変更が行われたが，それはいずれもその行政区の域住民組織の強い働きかけによるものであった。この両地区での地域リーダーへの聞き取りにおいても，地区の字化は地域住民にとってきわめて重要性であることが強調されていた。字「つきしろ」については次章参照。

第8章
字になること，字であることの意味

――南城市字つきしろの事例をもとに――

牧野芳子

1　はじめに

本章[1]の目的は，沖縄本島[2]南部で自衛隊基地に隣接するニュータウンが字《あざ》になった事例をもとに，沖縄本島において「字になること」の意味を考察する。

字は，沖縄ではシマとも呼ばれ，先祖代々生活してきた場所でありそこで生まれ育った人びとにとっては原点であるといえる。また様々な事情で字に住むことが叶わず別の場所で生きる人びとにとっては帰る場所でもある。筆者は，このシリーズ沖縄の地域自治組織1〈北中部編〉で沖縄本島における字の存在とその自治の意識の強さについて述べた（牧野 2020）。現代社会においては，そもそも字という存在自体が住所表記に使われる程度で形骸化していると捉えるのが一般的であろう。だが本島の北部において発生から先祖代々今日まで続いてきた集落は，字として今でもリアリティを持って住民に認識されている。北部の調査の過程では，新たに自治会を作ることは住民から実質的に承認されておらず，まして字になるということはまずありえないことを認識する場面が多々あった。

その認識が前提となっている筆者にとって，同じ沖縄本島の南部南城市でニュータウンが字になったことはまさに破格の昇格ともいうべき事実であった。つまり「字になる」ということは「字として認められる」ということであり，それは字外に生きる人びとが字内に生きる人びとに「同等であるとみなされる」ことである。言い換えれば字ではなかった地域の「出世」とも言えよう。沖縄本島の地域社会において戦前から存在する集落でさえ字と呼ばれない事例もある中で，復帰後できたニュータウンが字になることを可能にしたものは何なのだろうか。そして字であることはどのような意味を持つのであろうか。

本章では，はじめに考察の対象である本島南部南城市と地域社会について軍用地と共存してきた歴史と現在について概観する。その上で南城市のニュータウンつきしろが，その地域社会の中で字になっていく過程を追い，字になることの意味・字であることの意味について考察する。なお本章では 2017 年 2 月から 2018 年 3 月にかけて，つきしろ自治会をはじめ南城市内の主な住民組織の長や地域住民，市役所の担当課や関係団体に対して行った聞き取り調査と，市史等自治体が発行した文献資料，および住民組織が発行した記念誌，地元新聞記事などを検討している。

2　南城市と軍用地

(1) 南城市の概要

南城市は沖縄本島南部に位置し，その三方を海で囲まれ東西 18 km・南北 8 km，面積 49.78 km^2，海岸沿いの土地と高台との標高差は 130〜150 m ある。北は与那原《よなばる》町，西は南風原《はえばる》町・八重瀬町に接している。2006 年，佐敷町・知念村・玉城村《たまぐすくそん》・大里村の 4 町村合併により誕生した。現在は人口 4 万 6009 人，1 万 9443 世帯である（2023 年 3 月末現在）。琉球の創世神が降臨したとされる久高島・世界遺産の斎場御嶽（せーふぁーうたき）をはじめ，数々の城（グスク）が存在する歴史のある地域でもある。また那覇市のベッドタウン的な場所でもあり人口が増加している。

市内には，70 以上の自治会が存在する。市民は，自分たちの集落のことを「区」または「自治会」と言ったり，あるいは両方使っていたりと地域によって違う。行政は，地域に任せており統一はしていないとのことであった。

(2) 南城市の軍用地

南城市には，本土復帰までの間ずっと米軍基地が存在していた。現在「琉球ゴルフ倶楽部」のある場所は，1946年米軍施設として収用され当初海軍司令部があったが，のちに陸軍部隊の管轄となり朝鮮戦争中CSG（混成サービス群・キャンプ知念）が設置された。これはCIA（米国中央情報局）の基地であったという。その性質からか周辺にはコザや金武町《きんちょう》のような繁華街は形成されなかったとのことである。返還後は「自衛隊基地に」という話もあったらしいが，平和利用したいということで現在のゴルフ場になった。土地は賃貸であり，当時旧玉城村にもその賃貸料が入っていて村長が地主会の会長だったこともあるという。

この他，旧佐敷町津波古《つはこ》区から小谷《おこく》区にかけての山手には，今でも米軍が使用していた外人住宅が残り実際に使用されている。市民の中には，当時の米軍に雇用されるなど基地と関係があった高齢者も存在する。南城市字親慶《おやけ》原《ばる》在住の喜舎場氏は，当時CSGで働いていた。その後30代でハワイに留学し，帰国後もその経験を活かして基地勤務を続け，米軍と基地労働者との間に入り通訳や仲裁・交渉などをしてきたという。また，かつて基地内でシェフをしていた経験を活かして返還後周辺にレストランを開店したオーナーもいる。現在市役所が立つ高台には，占領当時沖縄民政府があり多くの民政府職員が移住していた。裁判所や警察署，銀行や郵便局などが集中して首里・那覇が復興するまで沖縄県の中心であったという。

現在の市内の軍用地は，陸上自衛隊那覇駐屯地知念高射教育訓練場と航空自衛隊那覇基地知念高射教育訓練場があって，調査時は基地内だけでも約100人以上の隊員が生活していた。基地内には，琉球を統一した尚巴志《しょうはし》の父や家族の墓である「佐敷ようどれ」がある。この墓は1958年米軍に接収された。核ミサイルナイキ・ハーキュリーズ配備のためであるが，地元住民の懇願により墓の破壊だけは免れたという。現在は，誰でもいつでも記名すれば参拝可能であり，自衛隊員が案内するとのことであった。この航空自衛隊基地に隣接するのが現在の字つきしろである。

(3) 南城市の地域社会

南城市史（通史）によると，1900年代旧佐敷町の馬《ば》天港《てんこう》は，物流の拠点であり季節労働者の往来やその人びとを対象とした飲食・遊行の店で盛況だったようである。日清戦争後は艦隊も入港するようになった。また，本島では「東御廻り（あがりうまーい）」という拝所巡礼が琉球王国時代から続いているが，それがまさにこの南城市をめぐる旅とも言える。つまり，古来外部の人びとの受け入れが日常的に見られる地域であったと推察される。

また，南部は太平洋戦争末期戦場と化し激戦地となったところである。旧佐敷町ではこの戦争で人口の４分の１が亡くなったという。その後も復帰まで米軍が占拠し続けている。先述したが占領中も首里・那覇に代わって主要な施設とその関係者を受け入れてきており，米軍基地に関わり続けた人びともいる。

さらに，南城市調査にあたっては当初拒否されるいきさつがあったが，新規移住者である市民大学の受講経験者との出会いにより瞬く間に人間関係がつながっていった。調査中も，こうした市外出身の移住者と地元住民が協力して地域活性化のため活躍している事例をよく見聞きした。市では「上がり太陽（ティーダ）プラン」という市民の提案型協働事業を実施している。自治会のみならずNPOやボランティア団体といった市民活動団体が，企画した事業のプレゼンを行い，審査に通ると経費の一部あるいは全部が助成金として交付される。興味深いのは審査員が中学生ということである。これは，審査の公平性や常識にとらわれない着眼もさることながら，地域の人材育成というメリットも大きい。また，「なんじょう・ナイトツーリズム」の取り組みも斬新である。ホテルの宿泊客を対象に市内の個人宅や公民館（ムラヤー）で，郷土料理の夕食や伝統芸能の鑑賞を提供する地域交流型の観光メニューである。観光客から参加費を徴収し，協力家庭や自治会・団体，観光協会で折半するので地域の収入になるという。

3　ニュータウン誕生と周辺地域との関係

字になったニュータウンは，南城市の中央部に位置する高台つまり現在の南城市役所や琉球ゴルフ場に近い場所に，1973 年沖縄大京が「大京ニュータウン佐敷つきしろの街」として着手，1975 年宅地造成が完了し 1976 年入居が開始された。住民も本島内外からの移住者によって構成されており，建設当時投機目的で購入した者もいたため，現在の地権者は北海道にまで及ぶとのことである。1977 年 9 月の佐敷村議会の記録には「現在 14 軒，46 名の村民が生活」とある。『記念誌つきしろの歩み』によれば，開発した大京は，1977 年管理組合としての自治会設立を要望する。住民側は，それを受けて 1978 年自治会の前身である「育成会」を結成する。さらに，翌 1979 年佐敷村の行政区域として承認され，13 番目の「字部落」として正式に自治会が発足している。このニュータウンの自治会としてはひとつであったが，つきしろの名前で行政区となったのはニュータウンの大半を占める当時の佐敷村の部分だけで，玉城村部分は垣花《かきのはな》区，知念村部分は志喜屋区の中に入っている状態であった。

つきしろが行政区になる前，いわゆる親字である字佐敷との間に「連絡道路」を作る予定であり，建設されれば，標高差 150〜160 m の両地域の間を約 700 m で行き来できるはずであった。しかし建設予定の斜面は地滑りの危険性が高く，字佐敷側には民家や小学校があり，地域の反対が強かったため諦めざるを得なかった。現在も約 4 km 迂回しなければ佐敷側に降りられない状況である。このような問題も含め，区長をはじめとする住民と大京，行政の三者会談が繰り返し行われた。その後も住民間の内紛など地域の管理に関して様々な問題が起きるが，その都度住民が署名を集めるなど一丸となって行政や企業と根気よく話し合い，解決に向け努力していることが記念誌から読み取れる。

また，つきしろ地域に対して当時の議会記録には次のような記述がある。

> 月代のニュータウンは村の 1 種の誘致事業であり，勿論佐敷部落が決定したものに対して村を仲介として契約を交したいきさつがありますので当然村の誘致事業である。……行政区域も敷かれてない現状ではもちろん字佐敷である。

当時の佐敷村の議会報によれば，行政区になる前から，連絡道路設置やバス路線の推進，公民館建設などの問題が当時の議会において議員から質問されている。議会記録と照らし合わせてみても，当時ニュータウンとその住民を受け容れることが，地域の戦後復興に必要なことであると判断されたのではないかと推察される。

4　字つきしろの誕生

平成の市町村合併に際しては，2003年2月，佐敷町・知念村・玉城村・与那原町の2町2村による任意合併協議会を設置，この合併協議会で「つきしろを字に」という提案もなされたとのことであった。しかしこの合併は頓挫し，その後現在の南城市になってからも3字に分かれたままで[(3)]，ごみの収集日や郵便番号，校区の違いなどで不便が多く，何より一体感を持てずにいたという。また，合併後は旧町村名を南城市の後に付け，その後に字名をつけるという住所表記であったので，3字を統合するとなると，最も面積が大きい「字佐敷」に統合されるのではないかという不安や諦めを語る住民もいたという。「つきしろを一つに」という要望は，合併後も代々のつきしろ区自治会長が，行政に働きかけを続けてきたとのことであったが，多大な費用が必要であるとか，地権者の合意が取れないとか，住民の総意なのかといったことでなかなか進まなかったようである。

そこで現自治会長（以下，会長）が，まず住民へのアンケートを実施して「一つになりたい」という意思が住民の総意であることを明確にするとともに，総会等で話し合いを重ね，問題点の説明や理解を得ていった。住民の疑問や不安を一つひとつ受けとめ，市役所等に日参し，何が問題なのか，どうしたら解決に向かうのか具体的に何度も何度も聞いたという。住民の疑問や自分がわかったことはすぐ自治会会報などを通じて住民に伝え，住民全体で情報を共有できるようにした。その結果行政側にも地域住民の本気度が伝わり，何ができるかを協議していった。旧佐敷町佐敷区や旧玉城村垣花区，知念村志喜屋区にも理解を求め，協力を得ていったとのことである。そして2013年字つきしろとして新たにスタートしている。現在人口1300人，564世帯

（2021年4月現在）である。また那覇空港自動車道につながる地域高規格道路の南部東道路が完成すればつきしろICができ，外資系の大型ショッピングセンターができる予定もあるという。

「つきしろを一つに」という地域の悲願を達成させた会長の理念は，自ら行動することで相手に示すことであった。2017年8月29日，つきしろ公民館での聞き取り調査で会長は次のように語った。

> よく，協働のまちづくりというが，協働のまちづくりというのは，自分たちのことは自分たちでやるということ。だったら（いま自分たちでやっていることは）普通だと思う。最初は，（行政に頼らず，自分たちでやることで）「行政サービスを放棄するのか」という話もあった。この集落は環境汚染とかあった。（だから）「自分たちのことは自分たちでやっていかないと（よその集落と）肩を並べられないよ」ということ。行政サービスを放棄するのかという人たちも徐々に変わってきて協力するようになった。内外からの目も，「あ，つきしろ変わったね。」と。いうことが耳に入ってくる。だから，物議を言った人たちも理解する。続けること。これは難しい。だから二つです。行動することと続けること。ひとこと言ったこと。口では言うけども，続けなければ意味ないです。途中で止まった時には，また元どおりになってしまう。逆に信用がなくなってくるし。今，確固たるものになってきているんですよ。（括弧補足：筆者）

では，具体的にどのような取り組みをしていったか見てみよう。まず1つ目は，健康づくりを軸として地域づくりを進める取り組みである。つきしろ地域は健康診断の受診率が低かった。地元新聞記事（『沖縄タイムス』2008年7月18日付）によれば，2007年の健診率は12.8％である。当時健康づくり推進委員長だった会長は，自身の得意分野[4]を活かして，地域の健診率アップという目標を立てた。住民に，地域づくりのためにと呼び掛けるのではなく「あなた自身の健康のために」と呼びかけたという。だんだんその気になる住民が増え，結果として健診率が上がるという結果につながった。健診率というのは誰の目にも見える数字であり，それがまさに目に見えて上がり65%にもなった。こうした努力の成果は，地域住民はもちろん，周辺住民にも伝わる。「つきしろはすごいね。」と周囲に褒められたり認められたりする経験が，地域への愛着につながっていくと会長は言う。そして当然，個人個人の健康への意識や理解も深まり，上がった健診率は一時的なものではなく，維持可能な成果になる。

2つ目は環境美化への取り組みである。地域内外の期待を背負ってスタートしたニュータウンも，投資目的の生活実態のない土地の存在や，のちのバブル崩壊，居住者の移動・相続などにより空き地・空き家が増えた。西に1kmほど離れた場所には沖縄刑務所もある。またもともと霧が濃くたちこめる場所であったためニュータウンならぬゴーストタウンと揶揄されるまでになった。しかし，地域内を走る主要道路沿いに花を植えたプランターを配するなど，地域の魅力づくりに取り組み，住みたい街になることで入居者を増やそうとしている。これは2010年から始めた取り組みで，2013年の新聞記事には「花の街として知られるつきしろ……」と記載されており，2016年には県道の清掃・植栽への尽力に対し国土交通大臣表彰を受賞している。これもまず会長が自分一人でもリヤカーを引き地域清掃や花を植える姿を，住民が見かねて手伝ったり，自分のできる時間に協力したり，青年会が協力するなどして続けている。そこには作業が住民全体に公平になるような共同作業的なやり方はない。できる人ができる時間にできることをするという。それがだんだん住民間に増え広がってきた。花の苗も，費用がかからないよう各所に協力を求めたり事業に応募するなど工夫をしている。会長は「自分の仕事（の一つ）は（応募や申請の）書類を書くこと」(括弧補足：筆者) ともいっている。

3つ目は，環境改善としてはかなり思い切ったユニークな取り組みである。空き地空き家対策として，住民による「つきしろ共同企業体」という管理組織[(5)]を立ち上げたことである。遠方の地権者に現状を伝えて管理を委託してもらい，草取りや剪定《せんてい》などの作業を行い改善していく。場合によっては管理ができず困っている地権者と土地家屋を欲しがっている人との売買の仲介をし，新しい住民の増加につなげる。地域がきれいになることで，自然と不法投棄も減り，さらに住民の意識も変わったという。
地域の青年たちも児童公園を自分たちの力で蘇らせた。当時の自治会の文化部長が呼びかけ，壊れた箇所を修繕するなど環境を整備しイベントも企画している。この活動には街への恩返しや後輩の育成などの思いが込められているという。
隣接する自衛隊にも広大な空き地の除草や清掃の際に協力を仰いでいる。自衛隊とは共同作業によってつながりもできており，その様子はこの自衛隊基地の HP にも掲載されている。また自衛隊が青年会に入って行事に参加したり，地域も自衛隊のイベントに参加したり，隊員の歓送会を有志で開催するなど日常的に交流があるようである。

5　字になること・字であること

つきしろが「字になった」ということは，「字」という存在になることそのものが目的であったわけではない。3つの町村が合併してひとつになったのにつきしろが3つに分かれたままでいることを日常生活の中で常に意識させられる。このままでは，いつまでも一体感が持てなかった。だがひとつになるとしても，住民の割合の多い「字佐敷」に他の2字が統合されるのではやはり「一つになった」とは言えない。3つの字が対等の立場でひとつになるという意味での「字つきしろ」の誕生が必要だったと考えられる。それは単に字界や地籍を変更することを意味するのではなく，3つの字がひとつになり，新しい字を形成するという事実が，住民の結束や地域の活性化にさらに弾みをつけることにつながっていくからではないだろうか。
一方自治会会員が均等に負担を共有することは，自治会活動において往々にして求められることであり，現代社会ではそのことが自治会への加入率を下げている要因とも考えられる。つきしろの地域づくりでは，できる人ができる時間にできることをするという姿勢だった。その活動が強要されることはなく，住民各自の自主性に任されている。自分が自分の意志で行動するのであるから，自分だけが負担が大きい，不公平だとも思わないだろう。できる人ができることをする。その時できなかった人はできるようになった時に加わる。そこには自然と思いやり補い合い寄り添いあう気持ちが生まれるのではないだろうか。

合併の影響も考えられる。対等合併する場合，それまでの各自治体のあり方をそのまま継承することで，無理なくひとつの自治体に移行していくケースがある。南城市の場合もそのケースだったようだが，そのことで逆に字界がクローズアップされることになったとも考えられる。字つきしろの誕生は実質的には会長の行動力があるが，背景には「一つになりたい」という住民の強い気持ちがあった。それは合併前のバラバラのままでなくひとつの地域になることであり，その地域の様々なものを共有する権利と責任を持つことになると言えよう。

また，つきしろが「字」になることができた背景には，設立以来，旧来の字集落と共に歩んで来た経験がある。字で代々受け継がれてきた自治運営の姿を身近に知ることができ，自分たちも同様の自治会にしたいという気持ちが地域で共有され受け継がれてきたのではないだろうか。それが会長の語りのなかにあった「他の地域と肩を並べる」ための努力を支えてきたのではないかと考えられる。つまりつきしろがひとつになる過程には，沖縄における「字」に対するイメージの共有があったからではないか。また，調査のなかではつきしろニュータウンの先人たちによる努力の上につきしろという地域が成り立ち，現在の住民もその地域で育てられたという自覚が見出された。このことは，北部の字においてよく見聞した「先祖代々の土地」「先祖が苦労して維持してきた共有財産」などの言葉で旧来の住民であることの証や誇りを語る姿と重なる。字つきしろの理念でもある「自分たちのことは自分たちでしてこそ自治」という言葉には地域の自治に関する責任感の強さが感じられる。それは同時にここで育っていくであろう未来の人びとへ自分たちの築いてきた地域をより良い形で残していく責任でもあると考えられる。

一方 2017～2018 年の調査時，字つきしろに入りたがらない住民がいるとのことだった。2022 年 9 月つきしろ自治会にその後の状況を確認してみたが，やはりいまだにその気持ちは変わっていないという。当事者への聞き取りはできていないが，この旧来の字の住民は今も自分たちは旧来の字の住民であると主張しているとのことであった。その人びとが，字つきしろにあたる部分に住んでいても自分たちは旧来の字の住民であるという自負を持っているとしたら，その証である旧字名の住所表記が代わることは受け入れ難いことなのかもしれない。そうであれば旧来の字であるか否かということは，北部と同様に南部でも重要なことだと認識されていると考えられる。

南城市ではつきしろ以外にも字界を変更し新しく字平良ができている。つきしろが字となった2年後に字界を変更し，自治会名と同じ字平良としたとのことである。本土の感覚でいえば，「今どき字か？」と疑問を持たれるかもしれない。しかし，字になるためには，自分たちの地域がどのような地域であるのか，さらにはどのような地域にしたいのかという意識の共有が必要である。2つの字の新設については市のHPに詳細が記載されているが，これは行政の方針として，字界の変更が誰に対しても明確に説明できる事実であるという証明になるともいえよう。

また，つきしろや平良という新字の誕生は新聞記事にもなっている。これらのことは言い換えれば，それだけ沖縄において字や字界を変更するということへの関心が高いと言えるのではないだろうか。

また市は2012年「ムラヤー構想」を策定した。「ムラヤー」とは王府時代のムラ，かつての字の自治公民館であり「村屋」という字をあてることもある。この構想ではムラヤーを単に自治公民館ではなく，そのムラヤーが存在する地域コミュニティつまり区・自治会全体を指すとしている。そしてその地域ならではの特色を活かし，ムラヤーの活用によって地域の活性化と持続可能で住みよい地域づくりの推進を目指すというものである。つまり字を活かすということでもあり，沖縄本島におけるまちづくりにおいてはいわば先進的な取り組みともいえる側面があると考えられる。

6　まとめにかえて

当初「字になった」つきしろに対して「字に昇格したすごい地域」という印象があった。それは，本島北部の調査の中で自分たちの集落が「字であること」に対する強いこだわりや意識があることを知ったからである。だが旧佐敷町は，つきしろを早い段階で「字（＝区・自治会）」として認定していた。

戦前から人の出入りが多かった南部では北部ほど新規流入者への抵抗はなかったのではないかと考えられる。そして新規流入者側も旧来の字集落への反感や対抗する気持ちはそれほど強くはなかったのではないだろうか。これは南部と北部の地域性の違いといえるかもしれない。

この事例を通して見えてくるのは，やはり沖縄本島における住民の生活のなかにある字のリアリティである。南城市の市政ルポのなかにムラヤー感覚（伝統的な共同体意識）という言葉が見られた。これは，在住の新旧を問わず同じ地域に生きる住民の連帯意識を指すものと考えられる。沖縄の場合は，戦争によって一時的に，あるいは恒久的に自分たちの生きる場所を奪われた経験が，さらにその意識を強固なものにしているのではないだろうか。冒頭で取り上げた本島北部で見られる旧来の字の閉鎖性は，見方によっては新住民への差別ととられかねない。だが，その背景には住民をはじめとする土地や共有財産などの地域資源，すなわち地域そのものを守り，後世につなげようとする強い責任が感じられる。そしてそのイメージは，その地域が旧来の字であることはもちろん，つきしろのように旧来の字ではない地域でも共有されていると考えられるのである。

(1)　本章は2019年度佛教大学大学院紀要に掲載された論文「沖縄本島における「字」のリアリティ――南部ニュータウンの事例をもとに」を要約修正したものである。

(2)　本島・本土といった表現は，中央と周辺という受け取り方をされ誤解を生む可能性があるが，本章においては，論述内容の理解を助けるためにあえてこの表現を使っている。

(3)　合併当初は，南城市も現状の把握で手一杯で，その時点での変更は困難であったようである。

(4)　健診の受診とメタボリック症候群の撲滅を県下に訴えるため「一人で沖縄一周マラソン」に挑戦し466.2 kmを完走した。そのこともあり，県下ではカリスマ的自治会長としても有名で講演を依頼されたりしている。本島北部でも「彼のような会長になりたい」という声が聞かれた。

(5)　当時約20団体が，つきしろ地域の開発のため結集，2011年から民間独自の「つきしろ共同企業体」が発足した。現在HPを持ち，そのなかで地権者の不動産売却の相談や地域の土地購入情報などの発信もしている。この団体からのアンケートで，初めて土地の存在を知る地権者の子孫もいるとのことである。

■参考文献・資料

牧野芳子，2015，「自治組織と「排除」に関する一考察――沖縄本島北部における共有地をめぐる問題」『佛教大学大学院紀要　社会学研究科編』43。

――――，2019，「沖縄本島における「字」のリアリティ――南部ニュータウンの事例をもとに」『佛教大学大学院紀要　社会学研究科編』47。

――――，2020，「沖縄本島における字のリアリティ――北部の軍用地と住民関係に関する考察」難波孝志編『シリーズ沖縄の地域自治組織 1〈北中部編〉　米軍基地と沖縄地域社会』ナカニシヤ出版。

仲地博，1989，「属人的住民自治組織の一考察――沖縄県読谷村の事例」『裁判と地方自治』敬文堂。

南城市，2010，『南城市市勢要覧』。

南城市，2014，『南城市市勢要覧』。

南城市，2017，『ムラヤー利活用戦略――ムラヤー利活用戦略及びコミュニティビジネス調査業務報告書』

南城市教育委員会，2010，『南城市史（通史）』

南城市役所総務課，2013，『ひとにやさしい　なんじょう情報マップ』

大里グリーンタウン自治会，1998，『大里グリーンタウン自治会創立二十周年記念誌』

沖縄県庁知事公室基地対策課，2017，『沖縄の米軍及び自衛隊基地（統計資料集）』

琉球ゴルフ倶楽部，1988，『開場 10 周年記念誌 1987 歩み』

佐敷村議会，1977～1981，『佐敷村議会報』

つきしろの街自治会，1999，『つきしろの歩み「つきしろの街」20 周年記念誌』

山本英治・高橋明善・蓮見乙彦編，1995，『沖縄の都市と農村』東京大学出版会。

全国市長会，2017，『市政』

第9章
沖縄の門中と共同性のゆくえ

――糸満の門中墓を訪ねて――

武田祐佳

1　糸満へ

那覇の旭橋から糸満行きのバスに乗り，南に向かって走ることおよそ30分。バスは256号線を通って，海人（ウミンチュ）のまちとして知られる字《あざ》糸満に入っていく。糸満入口，白銀堂前，糸満西区を過ぎ，字糸満の中心である糸満ロータリーの停留所に着く。ここでバスを降りてしばらく歩くと，白く塗られた巨大な岩石が目に飛び込んでくる（図9-1）。岩に掲げられた看板には，「下茂腹《すむばら》・茂太腹《むてーばら》両門中之墓」と書かれている。そう，これは墓なのだ。

下茂腹・茂太腹両門中墓が位置する山巓毛（サンティンモー）の崖下には，これ以外にも複数の門中墓がある。糸満ロータリーの南側にも大きな墓が見える。さらにその東側には，県内随一の広さ（約1640坪）を持つ幸地腹《こうちばら》・赤《あか》比儀腹《ひぎばら》両門中墓があり，観光客も訪れる場所となっている。

字糸満を歩いていると，こうした「門中墓」と呼ばれる墓をしばしば目にする。しかし，そもそも「門中」とは何であろうか。

2　門中観念の登場

「門中（ムンチュウ）」とは父系血縁集団，沖縄的にいうと，父系のシジ（血筋）を受け継ぐ人たちの集まりである。たとえば，父親がA門中ならば，

（出所）筆者撮影（2017 年 3 月）

図 9-1　糸満ロータリーから見た山巓毛（上）と門中墓（下）

その息子も娘もA門中の成員となり，父の姓を継承する。個人は父方の血筋をたどることで遠い祖先と結びつき，ある特定の祖先を共通の始祖とした大きな集団が形成される（比嘉 1996: 99）。

沖縄において「門中」という観念が登場したのは 17 世紀後半以降と，比較的新しい[(1)]。1689 年，琉球王府内に「系図座」と呼ばれる機関が創設され，王府に仕官している階層や功績のあった先祖を持つ人に対して，系図（家譜）の作成と提出が義務づけられたことに端を発する[(2)]。王府のねらいは，家譜を作成・提出させることで，士族（家譜を持つ者＝系持《けいもち》）と百姓（家譜を持たない者＝無系）の身分を明確に区別し，士族による支配体制を確立することにあった。しかし，家譜を作成するにあたり，困った問題があった。それは，琉球の士族には同じ一族であることを示す共通の姓（名字）がないということだった。

琉球士族は，自分たちが治めている領地の名称を名字（家名）として使用していたため，領地が変わると名字も変わった。たとえば，Bさんが城《ぐすく》間《ま》村《むら》の地頭職に任ぜられると城間という名字を名乗り，次に宮城村の地頭職に任ぜられると城間から宮城に名字が変わる。子どもや兄弟であっても治める領地が違うと異なる名字を名乗るため，同じ一族であっても同じ名字とはならない。このため一族を示す名称が必要となり，同じ父系出自の子孫ならばすべて同じ姓を有する中国式の姓が導入されることになったのだ。

これにより，一族ごとに毛や麻といった中国姓が定められ，琉球士族は従前からある琉球式の名に加えて「向象賢」「麻平衡」といった中国式の名（唐《から》名《な》）を持つことになった[3]。この家譜の作成をきっかけにして，祖先とのつながりを意識することが強まり，共通の祖先に父系の血筋で結びつく同姓同士のまとまりが現れてきたと考えられている（比嘉 1999: 97）。

さらに，門中を支えているのが父系・男系の原理であることから，琉球の士族層における家の祖先祭祀と財産の継承は，嫡男（多くは長男）が継承し，次男以下は分家を形成するという父系嫡男相続が基本とされた（図9-2）。そして，子どもに男子がいない場合には，同じ父系血縁集団のなかから養子を

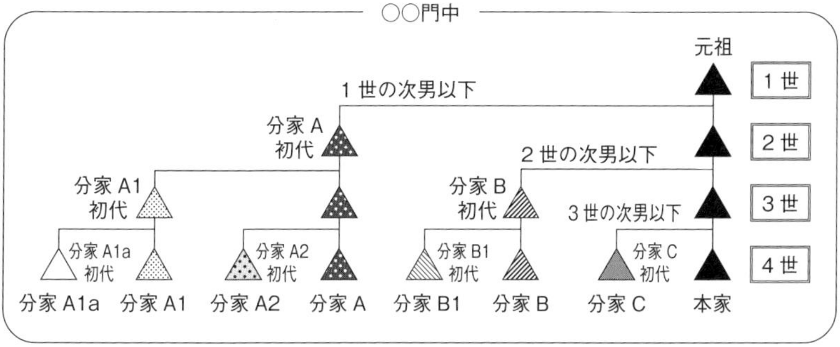

図9-2　門中の概略図

とるのが理想とされることになったのである。[4]

3　門中観念の平民層への広がり

以上のように，門中はもともと士族層において形成された制度・観念であったが，それが近世末期から近代にかけて，首里・那覇を中心に周辺の農村地域に広がっていった。[5]このため，首里・那覇と地理的に近い沖縄本島南部地域では門中意識が強く持たれているのに対し，本島北部や周辺離島，宮古・八重山諸島などでは門中意識は相対的に希薄である。

門中という観念が浸透する以前の沖縄の平民層や地方農村では，必ずしも長男が家を継承するわけではなく，また，他系統の門中から養子をとって家を継がせるなど，かなり柔軟なものであった。それが特に身分制度が廃止された明治以降，平民層や地方農村においても，家の継承を従来のものから厳格な父系血縁原理に従って再編する動きが生じた。これが「門中化」と呼ばれる現象である。

沖縄において家を継ぐというとき，最も重視されるのは位牌（トートーメー）を継ぐこと，すなわち祖先祭祀権を継ぐことであり，財産の相続は二義的なものであるといわれる（北原・安和 2001: 152）。門中化とは，具体的には，位牌の継承が父系血縁原理にのっとって規定された次のような4つの禁忌に従って行われる動きとしてとらえられる。

①タチイマジクイ（他系混合）の禁忌

父系血筋の異なる者が位牌を継承してはいけない。そのため，他の門中から養子や婿養子をとって家の位牌を継承させることは忌避される。

②チャッチウシクミ（嫡子押込）の禁忌

位牌を継承するのは長男でなければならず，長男がいるにもかかわらず，弟が位牌を継承するのはもちろん，長男が亡くなった場合でも，弟が位牌を継承してはならないとされる。[6]このことは，次のチョーデーカサバイの禁忌とも関わる。

③チョーデーカサバイ（兄弟重合）の禁忌

沖縄の位牌は**図 9-3** のように，上下2段になっており，複数の位牌札を並べることができる。位牌に祀られるべき者が亡くなると，故人の銘（名前）が書かれた位牌札を位牌にはめ込む。[7] このように沖縄の位牌は，その家の数世代の先祖の銘がひとつの位牌に並べられるようになっている。

（出所）「お仏壇の赤峰」HP
（http://www.okinawabutudan.jp/category/4/）

図 9-3　沖縄式位牌

チョーデーカサバイの禁忌とは，同じ位牌のなかに兄と弟の位牌札を並べてはいけない，つまり同じ位牌に兄弟を祀ってはいけないというものである。[8] これは，位牌には一世代につき一組の夫婦のみを祀るという原則に基づくものだ。もし，長男が亡くなり，弟がその跡を継ぐと，将来的には，その家の位牌には長男と弟という同世代の者が２人祀られることになってしまう。このため，次男以下は生家を出て分家することが望まれるのである。

④イナググヮンス（女元祖）の禁忌

女性を初代（元祖）とする位牌の継承を忌避するもので，女性が分家を創設すれば，この禁忌に抵触することになる。また，次のような場合もイナググヮンスとみなされる。

沖縄には，一度婚出した娘は離婚して実家に戻ったとしても，実家の位牌に載せないという慣習がある。そのため，離婚後，再婚せずに亡くなった娘は実家の位牌で祀らず１人用の位牌を作って祀られる。[9] このような形で女性１人のみを祀っている位牌そのものも「イナググヮンス」と呼ばれ，この位牌を継承することは忌避される。[10]

これらの観念が平民層に広く浸透していく過程において，大きな役割を果たしたのがユタ（霊的職能者）である。沖縄では家庭内で病気や事故，金銭上のトラブルなど何らかの災いが生じた場合，ユタに相談する慣習があるが，その際，災いの原因として，位牌祭祀のあり方や継承の仕方が問題とされる。たとえば，娘が親の位牌を持っていると，「男系の男の子を養子にして位牌を継がせなさい。そうしなければ子孫にたたりがおこる」とユタにいわれたり，過去に他の門中から養子をとって位牌を継承したことがわかると，ユタの助言に従って継承を見直す「シジタダシ（筋目正し）」が行われたりする[11]。こうしたユタの実践を通して，平民のあいだで門中観念が強化されていったのである。

4　位牌継承を取り巻く社会環境の変化

しかし現在，上で見たような父系血縁原理に忠実に従って家・位牌を継承していくのは困難になってきている。その背景として，波平エリ子は，以下のような３つの理由を挙げている（波平 2010: 204－211）。

ひとつは，民法の規定との矛盾である。1980 年，琉球新報紙上の連載記事がきっかけとなり，沖縄社会において「トートーメー問題」がクローズアップされた。そこで指摘されたことのひとつは，沖縄の慣習では，位牌を継承する者がその家の財産をもらうため，均分相続および祭祀と財産の分離をうたった民法の規定に反するというものであった（北原・安和 2001: 148）。家に娘しかいない場合，門中の男子が養子に入り，位牌の継承とともにその家の財産を相続することになる。これに対して，民法の均分相続に反している，娘が親の位牌を継げないのはおかしい，女性が継いでなぜ悪い，といった声が多く寄せられたのである。

２つめには，少子化・未婚化の進展による家族構成の変化である。沖縄県の合計特殊出生率は全国で最も高いが，それでも 1.80 である（2021 年数値。全国平均は 1.30）。つまり，夫婦の間に子どもは１人か２人。その子たちが必ずしも男の子とは限らないし，同じ門中のなかから男子の養子をとろうにも，養子になりうる次三男をみつけるのは難しい。さらに，未婚化が進展するなか，結婚することさえ難しくなってきているのが現状だ。

そして３つめには，地縁社会の変化である。同じ村落内に多くの門中成員が居住し，門中や村の行事などに参加していた昔に比べると，今では居住範囲も広がり，同じ門中同士であってもつきあいは希薄になっている。そのようななか，同じ門中とはいえ，ほとんどつきあいもない人の養子になれといわれても当人は困惑するだろう。

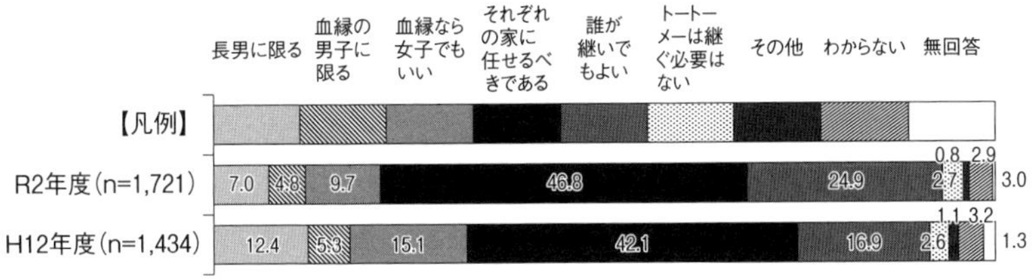

（出所）沖縄県こども生活福祉部『令和２年度　男女共同参画社会づくりに関する県民意識調査報告書』p.25（https://www.pref.okinawa.jp/site/kodomo/heiwadanjo/danjo/r2kenminisikityousa.html）

図 9-4　位牌継承についての考え（2000 年と 2020 年の比較）

このように，家・位牌の継承を取り巻く社会状況が変化するなか，人びとの継承意識も変化してきている。

2020（令和２）年に沖縄県が実施した「男女共同参画社会づくりに関する県民意識調査[12]」によれば，位牌継承に対する考えとして，「それぞれの家に任せるべきである」という回答が 46.8％と最も多く，「誰が継いでもよい」（24.9％）がそれに続く[13]（**図 9-4**）。一方，「長男に限る」「血縁の男子に限る」は，それぞれ 7.0％，4.8％にすぎない。2000（平成 12）年の同調査の結果と比べると，「長男に限る」「血縁なら女子でもいい」はそれぞれ 5.4 ポイント減少し，代わって「それぞれの家に任せるべきである」が 4.7 ポイント，「誰が継いでもよい」が８ポイント増加している。しかし，「トートーメーは継ぐ必要はない」は３％弱とほぼ変わらずで，位牌継承そのものを不要だと思っている人はごく少数であることがわかる。

続いて，2020 年の回答を年齢別に見たものが**図 9-5** である。図より，上の世代ほど，継承者に血縁（「長男に限る」「血縁の男子に限る」「血縁なら女子でもいい」）を選ぶ割合が高く，若い世代ほど，「誰が継いでもよい」を選ぶ割合が高いことが読み取れる。

最後に，位牌継承に対する考え方の回答と，実際に位牌がどのように継承されているのかを尋ねた質問への回答を比較した**図 9-6** を見ておこう[14]。先ほど見たように，意識レベルでは必ずしも長男や血縁男子に限らず，家々の事情に任せて柔軟に継ぐのが望ましいと思っているのだが，実際の位牌の継が

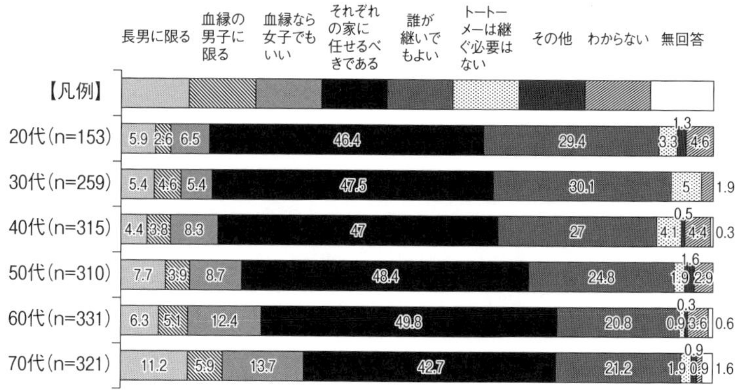

（出所）同上 p.26

図 9-5　位牌継承についての考え（年代別：2020 年）

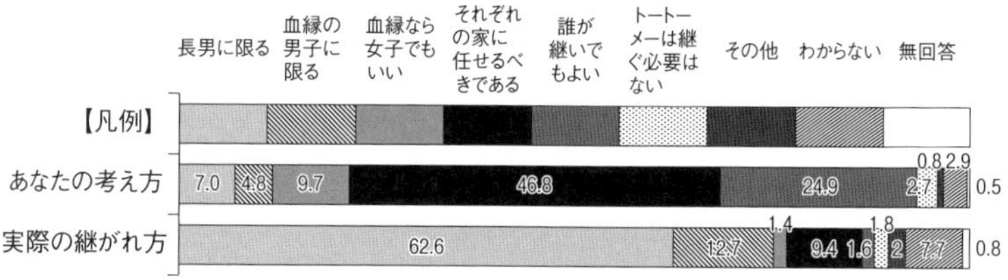

（出所）同上，p.27

図 9-6　位牌の実際の継承と意見との比較（2020 年）

れ方を見ると，「長男に限る」が 62.6％，「血縁の男子に限る」が 12.7％となっている。

このように現時点では，意識と現実とのズレはいまだ大きいが，若い世代ほど「誰が継いでもよい」という考えを持つ人が多いことから，今後，門中の観念や意識，位牌継承のあり方はよりいっそう変化していくのではないかと思われる。

5　再び糸満へ

さて，もう一度，糸満に戻ろう。

糸満で見られる門中の多くは，士族のそれではなく百姓系，すなわち地人（ジーンチュ）の門中である。糸満では門中のことを「腹」あるいは「○○腹門中」とも呼ぶが，これは「腹」という土着の親族制度が先にあり，その上に門中制度が覆いかぶさるような形で導入されたからだと考えられている（上杉・加藤編 2019: 142）。

糸満をはじめとする本島南部地域の地人の門中に見られる大きな特徴は，門中墓が発達していることである。

門中墓とは門中の成員が共同利用する墓のことである。旧百姓階層では，古くは村の共同墓（村墓）を使用することが一般的であったが，門中観念の浸透に伴い，村墓から門中墓へと変わっていった。しかし現在，本島中北部の旧百姓系の門中では，門中墓を使用しているのは本家筋が中心であり，分家筋の人たちは分家筋ごとの墓や世帯ごとの墓を使用し，門中墓は拝むだけになっている場合が多いという（波平 2010: 119）。

一方，糸満で見られる門中墓は，今でも基本的には門中の全成員によって共同利用されている。『糸満市史』によれば，糸満には地人の門中が40あり，31基の門中墓を使用している（糸満市史編集委員会編 2016）。門中墓は，ひとつの門中でひとつの墓を使用しているところもあれば，複数の門中でひとつの墓を共同で使用しているところもある(15)。たとえば，県内最大の門中墓を有する幸地腹・赤比儀腹門中の構成員は，それぞれ約3500人，約1000人という(16)。これらの人たちが同じ墓を利用しているというから，その規模の大きさに驚かされる。

糸満における墓と門中成員との関係について，糸満から八重瀬町港川に移住した糸満漁民の墓の利用状況を調査した長嶺操は，移住から約180年経ってもなお，移住者たちが糸満にある門中墓を利用し続けており，門中は墓との関係で維持されていると述べている（長嶺 2012: 28 - 29）。また，南部地域では，門中の成員ならば，決められた門中墓を利用すべきという意識が強く持たれている（早坂 2016: 21）など，墓を媒介とした糸満の門中組織の結びつきの強さを指摘する研究は多い。

しかし，筆者が糸満でうかがった話では，糸満の門中でも近年，門中墓を使用せずに家族墓を設けるケースも見られるようになってきたということであった。こうしたケースはまだ少ないようではあるが，今後，増えていくように思われる。

先に見たように，人びとの位牌継承に対する意識や家族のあり方が変化していくなか，門中組織自体もどのように変化していくのか，注目すべき点であろう。

(1) 波平エリ子によれば，近世の王府や王府関連の公文書には，「門中」という語はほとんど見られず，「一門」という語が使用されていたという。しかし，日常生活の用語としては，近世期から「門中」が使われていたと思われる（波平 2010: 105 - 106）。

(2) 家譜は2部作成され，1部は系図座で保管し，もう1部は琉球王府の印を押したうえで各一族（門中）の宗家（本家）で保管された。

(3) 琉球の士族は，首里・那覇・泊の士族と中国から渡来し琉球王府に仕えるようになった久米村の士族の2つに大別される。前者の場合，琉球式の名と唐名を持つ。たとえば，身分制の整備を進めた羽地朝秀の唐名は向象賢である。なお，血縁の異なる門中が同じ中国式の姓を用いることもあったため，中国式の姓とともに，名乗頭（なのりがしら）が定められた。名乗頭とは，同じ門中の男子には，琉球式の名の最初の一文字目に同じ字をあてることをいう。たとえば，向姓では，「朝秀」「朝苗」など「朝」の字を用いる。この名乗頭字と中国式の姓の組み合わせによって，同一門中であるか否かが区別できるようになっている。明治以降，唐名は用いられなくなったが，名乗頭は今でもかつての士族系の門中では強く意識され，引き継がれている（波平 2010: 115）。

(4) とはいえ，長男がいるにもかかわらず次男以下の男子が家を継承したり，母方あるいは妻方の親類を養子にするなど，父系嫡男相続や養子同門制からの逸脱ケースも数多く見られる（小熊 2016; 武井 2022 など）。

(5) 農村において門中観念が浸透したのは本島南部では近世末期，北部では大正以降と見られている（東京都立大学南西諸島研究委員会編 1965）。

(6) この場合には，長男の死後，同一門中から（法的な養子縁組をせずに）男子の養子をとった形にしてその家の位牌を継承させることになる。

(7) 上段には男性，下段には女性の銘が載り，通常，夫婦は上下対で並べられる。

(8) 長男と弟が別々の位牌で祀られている場合でも，同じ仏壇に位牌が安置されていれば，チョーデーカサバイとみなされる。

(9) 対して，未婚のまま亡くなった娘は，実家の位牌に載せてもよいとされる。

(10) イナググヮンスは継承されるべきではないとはいえ，その位牌を破棄することもできない。このため「グソーニービチ（冥界婚)」と呼ばれる儀式を行い，離婚した元夫の家の位牌で元夫と一緒に祀ってもらうことが期待される。しかし実際には，元夫の家から拒否されることも多い。最近では，こうした祀り手がみつからない位牌を寺院に一時的に預けたり，永代供養してもらうケースが増えているという（波平 2010: 180－188)。

(11)　この場合，タチイマジクイになっている養子を，養子者の本来の血筋にあたる門中の家で祀ってもらう。そして養子の抜けた位牌は，その家の門中のなかから新たな養子をとり祀ってもらうことになる（波平 2010: 164)。

(12)　調査対象は，沖縄県内の各市町村から無作為に抽出した満 20 歳以上の男女である。有効回答数 1721，回収率は 22.9%である。

(13)　質問文は，「「トートーメー（位牌）は長男が継ぐべきだ」という考えがあります。あなたの考えに近いものは何ですか」。

(14)　質問文は，「あなた自身や親族等では，実際にどのようにトートーメーが継がれていますか」。

(15)　墓を共用する門中は，祖先が兄弟同士など男系の血縁によるつながりを有する場合が多いが，幸地腹・赤比儀腹門中のように，姉妹の嫁ぎ先の門中と墓を共用している場合もある（糸満市史編集委員会編 2016: 177)。なお，ひとつの墓を共用しているとはいっても，墓の内部は門中ごとに使用する場所が分かれている。

(16)　数値は長嶺（2012）による。

■参考文献

糸満市史編集委員会編，2016，『糸満市史　資料編 13　村落資料―旧糸満町編―』糸満市役所。

上杉富之・加藤秀雄編，2019，『「文化史実習Ⅲ」（文化人類学）2017・2018 年度成果報告書　沖縄・糸満の社会と文化――沖縄県糸満市の調査から』成城大学文芸学部文化史学科。

小熊誠，2016，「日本と中国の境界を越える門中」小熊誠編『〈境界〉を越える沖縄――人・文化・民俗』森話社。

小田亮，1996，「「伝統の創出」としての門中化――沖縄のユタ問題ともうひとつの「想像の共同体」」『日本常民文化紀要』19：113－154。

北原淳・安和守茂，2001，『沖縄の家・門中・村落』第一書房。

金城善，1997，「同じ墓に入る人々――沖縄・糸満の親族集団」宮田登編『ふるさとの伝承　解説編』示人社。

武井基晃，2022，「姓の継承・創設――近世琉球の士の制度と，近代沖縄のシジタダシ」小浜正子・落合恵美子編『東アジアは「儒教社会」か？――アジア家族の変容』

京都大学学術出版会：141 - 167。
東京都立大学南西諸島研究委員会編，1965，『沖縄の社会と宗教』平凡社。
長嶺操，2012，「糸満漁民の分村と墓――八重瀬町字港川の場合」『沖縄民俗研究』30：1 - 31。
波平エリ子，2010，『トートーメーの民俗学講座――沖縄の門中と位牌祭祀』ボーダーインク。
早坂優子，2016，「移住者家族と墓に関する一考察――沖縄県本島中南部への移住者の事例から」『沖縄研究ノート』25：13 - 22。
比嘉政夫，1983，『沖縄の門中と村落祭祀』三一書房
――――，1999，『沖縄からアジアが見える』岩波ジュニア新書。
――――，1996，「環東シナ海地域の社会組織の比較民俗論――韓国と沖縄の「門中」の構造と生成をめぐって」『日中文化研究』9：95 - 106。
琉球新報社編，1980，『トートーメー考――女が継いでなぜ悪い』琉球新報社。

第 10 章
伝統祭祀行事の継承と地域社会
――八重瀬町志多伯を事例として――

山本素世

1　はじめに

沖縄県では，伝統的な祭祀や行事が地域ごとに様々に実施されている。それらの伝統祭祀や行事は，字《あざ》や島ごとに行われており自治会や青年会が中心になっていることが多い。少子化，高齢化が進むなか，祭祀や芸能の継承をどのようにしていくかが課題となっており，担い手，神輿や山車《だし》，獅子頭，衣装などの備品や道具に関するものなどが考えられる。担い手がいなくなると実施できなくなるため，担い手の問題は重要である。

筆者は，かつて沖縄県八重山地域の波照間《はてるま》島にて，島の伝統的な祭祀，行事，芸能を子どもたちに学校教育を通じて継承しようとしている姿を調査した（山本 2012）。子どもたちに伝統的な祭祀や行事や芸能を体験させることを通じて「島のこども」であることを意識させていた。地域自治組織と伝統祭祀や行事との関係について小林は，竹富島の種子取祭の事例を取り上げ，集落にとって伝統祭祀や行事は最も重要な共同事業であり，地域自治組織とは切り離せない関係にあるとみている（小林 2008）。伝統祭祀や行事は，住民の共同事業であり，地域への所属意識や愛着を意識する場となっている。

筆者は，沖縄県島尻郡八重瀬町にて自治会の調査をし，祭祀や行事を見学する機会を得た(1)。八重瀬町では，伝統祭祀や伝統芸能が多く実施されている。調査では，豊年祭など各字に同じような祭祀や行事はあるが，それぞれが少しずつ異なっておりそれにより自分の住んでいる字と他の字の違いが意識され，地域の範域も意識されていることがわかった。また，人びとは祭祀や行事，祭りで何らかの役割を分担してやり遂げることで，地域に貢献しているという意識を持ち，地域への所属意識がつちかわれていた。このような伝統祭祀や行事は，人びとの自分の地域への愛着につながっている（山本 2020）。

担い手について，牧野は長野県南佐久郡小海町の調査にて，民俗芸能の実施を通じて担い手たちが結束していくポイントを「仲間集団」としてとらえている（牧野 2021）。また，相沢と佐久間は，民俗芸能の保存会の実質的なメンバーになるには，仲間として承認されることが不可欠であり，「仲間集団」が形成されているとみている（相沢・佐久間 2017）。筆者は，八重瀬町東風平《こちんだ》豊年祭の十人衆でも「仲間集団」が形成されていることを確認している（山本 2022）。

本章の事例である八重瀬町志多伯には，獅子加那志《しーしがなし》豊年祭という祭祀行事がある。この獅子加那志豊年祭は，年忌で行われるもので一年忌，三年忌，七年忌，十三年忌，二十五年忌，三十三年忌に行われる。三十三年忌が終わると翌年に次の一年忌となる。このため，次の実施まで数年ブランクが発生し，特に十三年忌から二十五年忌については，12 年間のブランクが存することになる。長い期間のブランクがあることは，継承していくうえで大きな障害となるが，志多伯ではこの豊年祭は継承されてきている。そこには，どのような取り組みや地域の社会背景，担い手の姿があるのだろうか。

そこで，本章では，志多伯の継承への取組，社会背景をとらえ，どのような仲間集団が形成されているのかという視点から，継承について考察する。

2　事例地の概要

(1) 志多伯の概要

志多伯は，八重瀬町の東風平地域に存している。志多伯は行政区では志多伯区[2]であり，人口は 948 名，388 世帯（2023 年 4 月末日現在，八重瀬町役場）である。丘陵に囲まれた平地部分に集落が存しており，オクラ栽培などの農業が営まれている。

（出所）八重瀬町 HP より引用，志多伯は筆者挿入。

図 10-1　八重瀬町の位置図

通勤や通学は那覇市，糸満市方面が多く見られる。バス路線は，沖縄バスの糸満市から那覇市へ行く路線があるが，一日 10 本程度である。しかし，国道 507 号線，329 号線，331 号線を通じて，糸満市や那覇市へ 30 分程度で行けるため，車での移動は利便性がよい。

区には，公民館があり，公民館から少し離れた区内に馬場がある。この馬場で綱引きや豊年祭が行われるが，普段はゲートボールや子どもたちの遊び場でもある。地域の組織として，自治会のほかに老人会，婦人会，青年会，子ども会が存している。また，伝統祭祀や芸能では，伝統文化保存会，獅子舞棒術保存会があり，三線《さんしん》の研究所も 2 つ存している。

(2) 志多伯の祭祀行事

志多伯では，一年を通じて様々な祭祀行事が行われている。4月の清明祭，アブシバレーに始まり，5月ウマチー，6月ウマチー，綱引き，6月ウガン，7月ウガン，7月綱引き，彼岸，十五夜ウガン，石獅子ウガン，菊酒，水のウガン，シーシウガン，初起し，となっている。これらの祭祀行事は，区が中心となって実施され，村拝みも区の役員が中心になって行われる。

旧暦7月15日は，子どもエイサーの披露，棒術の披露，綱引きが馬場で行われる。綱引きは，綱をあわせて引きあうものであり，公民館の前庭からお囃子《はやし》とともに皆で綱を馬場に運び，区民が東西に分かれて綱を引きあう。

志多伯では，棒術が行われているが，伝統的な棒術は第二次世界大戦の戦乱で途絶えてしまった。しかし，棒術をなんとか復活させたいという思いから，昭和50年頃に沖縄古武道の師から型の提供をうけたA氏が中心となり，棒術を復活させ普及に努めてきた。近年は，A氏の子息であるB氏が創作した「武の舞」として古武術の演武に琉球音楽を取り入れる試みがされている。

志多伯で最も盛大に行われるのは，獅子加那志豊年祭である。本章では，志多伯の祭祀行事のうち獅子加那志豊年祭に焦点をあてる。

3　志多伯の獅子加那志豊年祭

(1) 概　　要

獅子加那志豊年祭は，年忌ごとに実施される十五夜の祭祀行事である。年忌ごとであるため，一年忌，三年忌，七年忌，十三年忌，二十五年忌，三十三年忌に実施される。三十三年忌が終わると翌年に次の一年忌となる。筆者が調査したのは，戦後3巡目の七年忌豊年祭[3]である。

獅子加那志の発祥は，300年ほど前からとされる。獅子は舞うことによりあらゆる厄災をはらうものという思想があり，志多伯では獅子に対し尊敬をもって「獅子加那志」と呼んでおり，獅子加那志を村の守護神と崇め年忌祭の行事として旧暦8月15日に豊年祭を催してきた。なぜ年忌に行うかについては，不詳とされている。獅子加那志は，旧暦8月15日夜の豊年祭のみ区内で演じられ，獅子加那志豊年祭以外での使用は禁じられている。なお，

（出所）筆者撮影。

図 10-2　志多伯公民館

獅子は，神獅子と呼ばれている。

獅子加那志豊年祭は，第二次世界大戦中は中止されており，当時の獅子は戦火で消失した。志多伯では，戦後 1946（昭和 21）年 6 月に住民が一部移動になり，帰字が始まった。そして，帰字と字（区）の再建を喜び，ムラ遊び豊年祭が開催された。この時，デイゴを使って新しい獅子頭が作成された。馬場は，一般人立入禁止区域内にあったため村の東側にある大通りで豊年祭を行った。この豊年祭が，戦後の志多伯獅子加那志豊年祭の起源となっている。当時は，明かりがないため舞台は暗くなる前に終わらせたので演目も少なかったとされる（志多伯文化保存会 2011）。

1948（昭和 23）年に，志多伯の人びとは，字（区）へ完全移住した。そこで，完全移住を祝う三年忌豊年祭を馬場で再開した。1952（昭和 27）年に茅葺の公民館が落成し，七年忌が行われる。また，1958（昭和 33）年の十三年忌では，初めて女性が舞台に演者として出演した。その後，演者が集まらないため，プロ劇団に依頼したり，現代劇を取り入れたりと演目にも変化があったようである。1979（昭和 54）年には，2 巡目の一年忌が始まり，1981（昭和 56）年に三年忌が行われた。この三年忌のときに新しい公民館が完成し，練習や準備に使用され現在に至っている（**図 10-2**）。

（出所）筆者撮影。

図 10-3　野呂殿内の前にてノロからお酒を授かる

（出所）筆者撮影。

図 10-4　野呂殿内の前での獅子舞

年忌ごとであるため毎回演者を集めるのには，苦労したようで区長や副区長があちこちに呼びかけて演者を募っていたようである。1991（平成 3）年の十三年忌では，子どもや青年への出演依頼に力を入れたそうである。その結果，組踊や芝居，舞踊，三線の演奏などに，高校生が参加した。

2011（平成 23）年には，豊年祭に関する歴史や舞台の台本，衣装などをま

（出所）筆者撮影。

図 10-5　道ズネー

（出所）筆者撮影。

図 10-6　「長者の大主」での獅子舞

とめた教本『志多伯の獅子加那志――年忌行事の八月十五夜豊年祭（上）（下）』が作成されている。

獅子加那志では，御嶽への祈願，獅子の野呂殿内への拝み，道ズネーが，日中に行われる。その後，夕方から，馬場に設置されたバンクと呼ばれる仮設舞台で棒術，組踊，狂言，芝居（喜劇），踊り，歌劇，獅子舞などが披露され，舞台は，18 時頃から開始される。筆者が調査した七年忌では演目が 32

あり，終演は24時頃であった。演目は，再開されたころから増えており，戦前から実施されている必ずやる演目があるが，それに加えて戦後演じられた演目の中から人気のあるもの，やりたいものを加えて変化をつけているそうである。演者も大人だけではなく，子どもが演じる舞踊や劇もあった。

(2) 運営方式

筆者が調査した七年忌では実行委員会方式が採用されていた。それまでは区長が中心になって，全体の運営を取り仕切っていた。これでは区長の負担が大きいとして，役割分担を明確にして多くの区民が関わり業務負担の偏りを減らし継続性を高めるという理由で実行委員会方式とされた。

実行委員会は，運営部会と専門部会に分かれており，運営部会は，設営，接待，総務，防災・防犯である。一方，専門部会では，地謡，舞踊，組踊・狂言，棒・獅子舞，道ズネーである。

志多伯には，三線の演奏の古典音楽研究所が２つ存しており，日常的に三線を学び演奏活動を楽しむ人びとがいる。その研究所が中心となり地謡の部会を担っている。同様に舞踊，組踊，狂言も，それを学んでいる人びとが中心となっている。特に舞踊や組踊は，志多伯出身である沖縄県立芸術大学の卒業生がリーダーシップを発揮している。棒・獅子舞は，獅子舞棒術保存会が担っている。道ズネーは，これらの部会が協力して運営している。このように，芸能，舞台を中心とする専門部会は，普段から地域で活動している組織，地域の出身者で専門的に学んだ人びとが中心である。一方，運営部会は，区長を中心とする区の役員，婦人会のメンバー，有志が中心であった。この運営部会は，様々な庶務も担当しており運営進行の中心となる人たちである。

祭祀の運営資金は，区民や企業からの寄付，積立金，団扇の広告収入などを充てている。この運営資金の調達は，総務担当者や区長が寄付，広告の依頼を行っているそうで，苦労する部分とのことであった。

(3) メンバーシップ

祭祀では，区民が運営や演者をしている。道ズネーには，小学生から高齢者まで様々な人が獅子舞，舞踊，棒術の演武，地謡の奏者で参加する。一方，

（出所）筆者撮影。

図 10-7　演者たち

給水や荷物運搬，交通規制などで道ズネーを支える区民がいる。舞台も同様で，小学生から高齢者までが演者として出演している。道ズネーと同様に事前の獅子の修繕，馬場の整備，舞台の設営，音響，司会進行，衣装の点検，着付け，化粧などで多くの区民が，舞台を支えている。

志多伯は，新たに住宅建設ができる土地が少ないため，子世代が結婚して別世帯になると近隣の区や糸満市などの町外に住む人たちが多い。親世代は区に住む区民であり，「字の人」である。舞台に演者として上がれるのは「字の人」となっている。演者の場合，「字の人」とは区に住んでいる人，区に住んでいる人の直系の血縁者となっている。このため，親世代が「字の人」であれば，その子世代，孫世代は「字の人」とみなされ，区内に住んでいなくても舞台や道ズネーに演者として出演できる（**図 10-7**）。

棒の演武で，多くの区民で行われる「志多伯・巻棒」と呼ばれるものがある（**図 10-8**）。これには，棒術の保存会のメンバーの指導を受けて，普段棒術をしていない区民も多く参加している。

なお，舞台の舞踊や組踊を指導している人でも，字の人でないと舞台には出演できない。

（出所）筆者撮影。

図 10-8　巻棒の様子

> これまで，踊りの指導を手伝ってきたが，字の人でないので舞台に上がって演じることは無かった。しかし，豊年祭をきっかけに出会いがあり字の人と結婚した。結婚後は字の人となったので，舞台にあがるようになった。（指導役女性）

彼女は，舞踊，組踊をしており志多伯出身者の大学時代の友人として手伝いにきていた。区外の人なので，舞台に上がることはなかったが，結婚により「字の人」となりメンバーシップが満たされたということになる。彼女以外にも志多伯出身者の沖縄県立芸術大学時代の友人たちが，当日の衣装の着付けや化粧のために手伝いに来ていた。彼らは字の人ではないので，サポートはするが，演者にならない。

4　担い手と仲間集団

(1) 中核となる仲間集団

志多伯には，祭祀行事に関するいくつかの組織やグループが存在している。これらは，同年代や趣味を同じくする人びとでもあり，組織同士のつながりも深い。

中心となるのは，志多伯獅子舞棒術保存会である。この会は，1995（平成7）年に結成された獅子舞愛好会を前身としている。当時の区長や獅子舞の経験者を中心に12名で結成され，演舞および後継者育成用として，獅子の複製（レプリカ）を作成した。レプリカは字の守り神の神獅子そのものではないので区外に出てもよいものと考え，区外での演舞や普段の練習に用いられている。なお，1999（平成11）年と2007（平成19）年にもレプリカの獅子が作成されている。この作成には，専門家だけでなく青年会の会長など区の人びとが参加している（志多伯保存会 2011）。

1991（平成3）年の十三年忌の後，当時棒術の演者として参加していた高校生6名が，棒術愛好会を結成した。翌年に高校生が，さらに8名参加している。十三年忌から次の二十五年忌まで12年もあいてしまうので継承について危機感をもったため，結成したそうである。この時のメンバーは，今でも棒術の中心メンバーであり指導役でもある。

1997（平成9）年に獅子舞愛好会と棒術愛好会がひとつになり，志多伯獅子舞棒術保存会が結成され現在に至っている。棒術と獅子舞のメンバーは重なっており，この組織が獅子舞と棒術の中心となり継承を担っている組織となる。

地謡では，先述の2つの研究所が中心となる。研究所には，三線を学ぶため小学生や中学生も参加している。また，成人も在籍しており，集まって三線を楽しむことも多いそうである。七年忌では，中学生が地謡の奏者として，道ズネーや舞台に参加していた。

なお，志多伯伝統文化保存会があり，その部会には獅子舞棒術保存会，古典音楽愛好会，伝統文化研究会がある。古典音楽愛好会には，上記の研究所のメンバーも含まれている。この獅子舞棒術保存会の設立経緯，研究所の普段のつながりから，それぞれが仲間集団を形成し，それらがまとまりさらに大きな仲間集団を形成しているととらえられる。これらの仲間集団は，獅子加那志豊年祭の中核的な仲間集団と考えられる。

(2) 同級生という仲間集団

沖縄県では，生年祝いなどで同級生を意識する機会があり，同級生には特別なつながりがあるようだ。同級生は，仲間集団を形成するきっかけとなるのであろう。

志多伯では，同級生というつながりによる仲間集団が見られた。例えば，実行委員会の運営部会で，総務を担当している区の役員は以下のように語っている。

> 区長は，私の同級生である。彼が区長として祭りをやるから，自分も何か手伝って支えなければいけないと思って，役員を引き受けることにした。演者はできないので，総務を担当することにした。（区の役員）

彼が実行委員会の役割を引き受ける動機は，区長と同級生だからである。一方，演者として舞台に上がった女性たちは，以下のように語る。

> 前の祭りで，仲のいい同級生の友達と一緒に踊りで舞台に出た。高校を卒業すると進路が違うので一緒に何かできる機会がなくなると思い今回も一緒に踊りをしようと，前に一緒に踊った友達を誘って，今回も舞台にでた。（女性：高校生）

> 今回，初めてみんなで舞台に出てとても楽しかった。また次の時にみんなで出られたらいいねって話した。（女性：小学生）

高校生は，中学校の同級生と一緒に参加している。今は，別々の高校の人もいるそうだが，同級生のつながりがある。また，小学生も同級生の友達と参加して，また同じメンバーでやりたいと話しており，同級生の仲間集団ができつつあることが推測できる。先の棒術保存会も高校の同級生の集まりがもとになっていることから，同級生という仲間集団の存在が見られる。また，ある獅子舞の演者は，保存会に入った当時は先輩ばかりだったので，自分と同世代がいたらいいと字に戻ってきた同級生を誘い，その同級生は保存会のメンバーになっていた。

(3) 親族集団

志多伯には，４つの門中が存在しており，親族のつながりも強い。親族のつながりを仲間集団と呼べるのかどうかは，異論があるかもしれない。しかし，調査では親族のつながりが，保存会の形成や実行委員会の運営に影響しているように見えた。

例えば，区長（当時）の親族には，獅子舞棒術保存会の指導役であるＡさんがいる。また，地謡の奏者の中心であるＣさん，Ｄさんも同じ門中である。さらに，Ａさんには子息のＢさんがいて，棒術や獅子舞を継承しており，舞台の組踊や舞踊の指導もしている。また，Ｂさんの配偶者も組踊や舞踊の指導をし，演者として舞台に上がる。舞台に上がる演者や奏者には，子世代，孫世代の親族のつながりが見られる。先述の小学生は，親が獅子舞や棒術をしているという親子（親族）のつながりが見られる。他にも，親子で舞台に出演している姿が見られた。親族であり門中が同じであることで日常的なつながりがあり，普段からコミュニケーションをとっているので，円滑な運営につながっている可能性はあるだろう。

(4) 小　　括

以上のように，どのような仲間集団が見られるのか考察してきた。保存会，同級生，親族という仲間集団が見られた。他に沖縄県立芸術大学出身者であるＢさんの仲間集団がある。大学時代の仲間が，踊りや組踊の指導，着付けや化粧でサポートにきていた。彼らは，前回もサポートにきていたそうであり，Ｂさんの仲間集団となっていると考えられ，同級生の仲間集団と趣味や仕事を同じくする仲間集団の両方の面が見られる。運営組織は実行委員会方式であるが，そこには親族や同級生をはじめとする日常的な関係をもとにした仲間集団の存在がある。

この仲間集団は，同級生，親族，三線の研究所，大学時代，前の演者同士などがあり，多重に結びついている。日々の練習の機会，毎年の十五夜の行事などで，一緒に活動していくなかで仲間集団が強化されているのではないか。多重に結びついた人びとの間で祭祀を継承していくことが語られ体現されていくことにより，子世代は継承していくことを意識する機会が多くなるのではないだろうか。

仲間集団が多重に結びつくには，それらをつなぐ個人，キーパーソンの存在も重要である。志多伯では，ＡさんやＢさんのように仲間集団をつなぐキーパーソンが見られた。彼らは，それぞれの世代の仲間集団をつなぎ，仲間集団の内部の世代をつないでいた。キーパーソンは，独立しているものではなく，彼らが所属して一緒に活動する仲間集団が存在している。

5　地域活動としての祭祀行事

(1)　仲間集団を取り巻く人びと

志多伯では，道ズネーに演者として参加する小学生，中学生は，「地域の伝統行事に参加し，地域の伝統を学ぶ」つまり地域活動に参加するという名目で，区が教育委員会に公欠を承認してもらうように掛けあっていた。そこからは，祭祀行事ではあるが，区民が一体として参加する地域活動でもあるという側面がうかがえる。志多伯の祭祀行事は，都市祭礼と異なり，町や集落で持ち回りや合同で行われるものではなく，志多伯区内でのみ行われる。それゆえに区民総出となり，地域活動という面がある。

では区民は，どのような関わり方をしているのだろうか。演者をしないが，行事を支える人が多く見られた。

> 青年会の頃に，演者として参加しないかと声をかけられた。自分は人前で演じるのはとてもできないと思い断った。しかし，姉や仲間が演者として出るので，自分にも何か貢献できることがないかと考えた。青年会で焼きそばの屋台を出すことになっていたので，自分が担当して高齢者や子どもが食べやすいように材料や味付け切り方を工夫した。とても喜ばれたので自分にもできることがあるのだ，やってよかったと思っている。（女性：子どもが道ズネーに参加のため付き添い）

> 私は，演者になることはとてもとてもできない。しかし，ものを作ることに関わったり，手先が器用であることから，獅子の修繕をしないかと

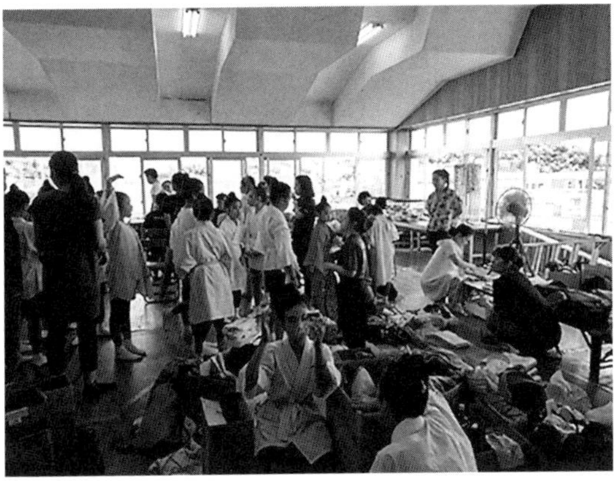

（出所）筆者撮影。

図 10-9　道ズネーの準備

声をかけられたので，引き受けた。これは，私にできることであり，とても大切に思っている。（高齢男性：獅子の修繕作業にて）

私は，これまで県内をあちこち赴任してきて志多伯にはほとんどいなかったので，区のために何もできていなかった。定年後にもどってきて，地域のために何か貢献したいと思い，日ごろから馬場の手入れをしている。今日も，できることがあると思い，草刈りに参加している。（高齢男性：事前の馬場の整備，草刈りにて）

彼らは，自分には演者はできないが，それ以外にできる役割があると考えて行動している。他にも，大工の棟梁たちは舞台設営を担当し，電気設備業者は音響を担当する。婦人会は，当日の受付や接待を担当する。演者の母親や女性たちは，衣装や小道具を点検し整理し，着付けを手伝い，化粧の補助もする。また，進行のアナウンスも区民の女性が担当し，次の演者の呼び出しを先の草刈りをしていた男性が担当していた。さらに，交通整理や誘導，道ズネーのサポートや給水，救護車など，様々な役割を区民が担っていた（図 10-9 ～図 10-11）。

（出所）筆者撮影。

図 10-10　交通整理

（出所）筆者撮影。

図 10-11　救護車での給水

ヒアリングでは，地域のために何か貢献する，一緒に祭祀行事のために何か役割を果たそうとする気持ちがうかがえた。自分も「字の人」であり，字のために役割を担うという認識なのだろう。地域の活動であるから，多くの区民が何らかに関わる。彼らは，先の仲間集団を取り巻く人びとといえるのではないか。

(2) 地域活動としての取り組み

志多伯では，次世代に継承していくためにいくつかの取り組みを行っていた。子ども会では，獅子に親しみを持つようにしたいと，粘土で獅子を自由に作成し沿道に飾っていた。また，獅子の手入れの際に抜けた棕櫚でストラップを作るなどの活動が行われていた。

実行委員会では，次世代へ継承するため，活動テーマとして「継承」をあげ，次世代への継承を意識していた。例えば，道ズネーや舞台の地謡に中学生を参加させるなどである。日常的に地域で三線や地謡を学んでいる中学生がいるので，いくつかの演目について，積極的に参加してもらい経験を積んでもらおうということである。

棒術では，道ズネー，巻の棒に小学生も参加しており，夕方に馬場で練習している姿が見られた。演目にも，子どもたちが参加する組踊，舞踊が取り入れられている。積極的に子どもたちが参加できるように取り組まれていた。

獅子加那志豊年祭は，年忌ごとに行われるため，獅子舞を披露する機会も限られてくる。披露する機会がないと，忘れてしまうリスクがある。そこで，レプリカを作成して披露の機会を，増やすようになった。区外での公演，イベントにも参加し，海外公演も実施されてきた。これにより，年忌以外にも練習の機会や披露の機会を得て，演者のやる気という動機づけになっていると考えられる。棒術も，同様で獅子舞とともに，「棒術フェスティバル」など区外での演武の機会を得ている。

これらの活動は，多くの区民が関わり，より多く獅子舞や棒術に接する機会になる。獅子加那志豊年祭は，年忌で行われることから，次世代に参加する経験を積んでもらうことは重要である。実行委員会の取り組みは，獅子加那志豊年祭は次世代につなげる地域の活動であることの表れであると推察する。

6　地域の持続性と祭祀行事

(1) 地域の範域

それでは，地域の範域からはどのようにとらえられるのであろうか。志多伯の獅子加那志豊年祭は，区全体で実施されるものであり，多くの区民が関

（出所）筆者撮影。

図 10-12　獅子を野呂殿内の斉所に納める保存会のメンバー

わっていた。年長者たちは，神獅子は字の守り神という存在であることを，特に保存会のメンバーに伝えようとしていた。獅子が野呂殿内の斉所に帰ったのち，保存会のメンバーは円になって座り指導的立場のＡさんが自身の体験を交えて，神獅子を字の守り神として大切に思う気持ちを語っていた（**図 10-12**）。実際に獅子を演じ，祭祀が終わった後に野呂殿内という場でこのような話を聞くことは，区で大切にしていくものの存在を強く認識させるであろう。このような体験を伴った思いを年長者が伝えること，自分の地域にあるものを強く認識させることも，継承に影響を及ぼし一体感を高めると考えられる。そして，神獅子が守っている範域が志多伯という字であり，それが彼らの地域の範域と意識されるであろう。

(2) 地域の持続と価値観の共有

祭祀行事が，地域の共同性を意識させ，お互いに役割を分担することで我々意識を形成し，先祖から受け継いだものを大切にするという同じ価値観を形成することは，最初に述べたとおりである。

祭祀行事をすることは，地域の持続への求心力にもなる。植田は，東日本大震災後の民俗芸能の研究で，被災地できわめて早い時期に民俗芸能や祭礼が再開されたことを述べている。人びとをつなげる機会として祭礼や民俗芸能が機能していたとする（植田 2013）。志多伯は，戦禍で祭祀や伝統芸能が断絶し，守り神である神獅子が消失するという経験をしてきた。区民が字へ戻れた一年後に獅子加那志豊年祭を再開させたことは，区の再建の祝いであり，戦没者への供養，鎮魂という意味もあっただろう。字の守り神を取り戻し，祝いの豊年祭をすることは，字を持続させていくために必要であった。それは，東日本大震災の被災地が，祭礼や芸能を早い時期に再開させて人びとをつなげたように，戦後の苦難にある人びとをまとめつなげるものであったのだろう。

それゆえに，獅子加那志豊年祭をしないということは，区民にとってありえないことであり，自分たちの世代から次の世代へ継承しなくてはならないものとなる。これは，保存会や演者だけでなく，区民にとっては受け継がれている祭祀であり，「実施するもの」なのである。そして，獅子加那志豊年祭を続けることは地域を持続させようという原動力につながるものではないか。

(3) 小　　括

志多伯の獅子加那志豊年祭の事例から，地域にはそこに住む人びとに共有されている何らかの価値観があることが見出せる。志多伯の場合は，神獅子に守られる字であり，区の再建の祝い，供養と鎮魂の思い，先人の地域への思いを受け継ぐというものである。先のＡさんの話からは，神獅子は人知の及ばないことへの畏怖の念を表す存在，何かに祈りたくなるときに心をよせる存在，何かに守られているという心の支えとなる存在であることが，感じられた。そして，Ａさんは，地域の先人たちが大切にしてきたものであり，それを受け継ぐことはとても大切なことであると話していた。この思いは，仲間集団で共有されており，多重に結びついた仲間集団がそれぞれにお互いに影響しあうことで，さらに強化されていくのではないか。

獅子加那志豊年祭ごとに，このような価値観が地域で再生産され共有されて，次の世代に受け継がれていると考えられる。獅子加那志豊年祭に関わることは，このような地域の価値観を次世代に継承していくことになるだろう。

祭祀の継承には，この伝統祭祀に触れ経験し，上の世代の思いに触れながら育ち，地域の価値観を共有している個々の存在が不可欠であろう。そのよ

（出所）志多伯公民館。

図 10-13　舞台をみる人々

うな人びとは，地域への所属意識を高め，持続させる原動力のひとつになると考えられる。

7　おわりに

以上のように，志多伯の獅子加那志豊年祭について，仲間集団や取り組み，背景から考察してきた。仲間集団は，強く結びついた保存会だけでなく，同級生のつながり，親族のつながりなどが，多重に結びついていた。また毎年開催されないため，継承への危機感から，次の世代の育成を意識した取り組みもみられた。

しかし，思いだけでは伝えきれない部分もあり，演舞などは経験を積む機会が必要とされる。神谷は，次世代への継承として，区出身の大学生を集め，志多伯の祭祀行事を知るという「リーダー塾」という取り組みを行っている（神谷 2021）。これは，新たな仲間集団の形成といえる。この大学生の中には，先の高校生で友達と一緒に踊りの演者をした女性も参加している。

伝統祭祀行事では，人びとの思いを原動力として様々に継続のための手段を講じて継承しようとする姿がある。この伝統祭祀，行事を続けていくには，基盤となる地域が存在しなければならない。そこには，一緒に活動していく仲間集団や日常に組み込まれた祭祀や芸能に触れる機会も必要となるのだろう。

獅子加那志豊年祭で，筆者が印象に残ったのは，「笑顔」であった。道ズネーの先頭を歩く区長たちの誇らしげな笑顔，舞台を見る人びとの笑顔，舞台に駆け寄る子どもたちの笑顔，演奏を終えた中学生たちの達成感あふれる笑顔，組踊や踊りの小学生，中学生，高校生たちの「楽しかった」と言う笑顔，終わったときの運営スタッフたちのほっとした笑顔。志多伯が笑顔であふれる2日間であり，獅子加那志豊年祭を実施できたことの喜びがあふれていた。かつて，この祭祀が字に戻れた当時の苦難にあった区民の心を励まし，喜びとなってきたことがうかがえる笑顔であった。それは，これまで祭祀を実施してきた志多伯の先人たちと同じ笑顔なのであろう。

志多伯の獅子加那志豊年祭は，これからも時代の変化を鑑み，必要があれば変化する部分があるかもしれない。それでも，筆者が訪問したときと同じように笑顔があふれる日になるのであろう。獅子加那志豊年祭は，これからも人びとをつなぎ地域をつなげていく力になるのであろう。

(1) 自治会調査は第1期2017年3月6日～14日，第2期2017年7月25日～8月3日，第3期2017年9月3日～9月8日で実施した。2018年2月28日志多伯区長ヒアリング，7月23日～8月1日関係者にヒアリングおよび練習見学，9月1日神獅子修繕視察，9月2日舞台づくり視察，9月23日～10月1日準備見学，前夜祭，豊年祭調査，関係者にヒアリング調査を実施，

(2) 志多伯は，自治会があるが区と称しており，代表者は区長と呼ばれる。副区長が選挙で選ばれ，翌年区長となる。区に登録をしている住民は区民と呼ばれる。なお，祭祀の場では，「字の人」呼ばれることもある。本章では，区に登録している人びとを区民，それ以外の在住する人びとを住民と記する。

(3) 2018年9月24日，25日の2日間にわたり実施された。

■参考文献

相沢拓郎・佐久間政広，2017，「東日本大震災後における民俗芸能の復活――なぜ大曲獅子舞は年間45回も上演されたのか」『社会学年報』46，東北社会学会，45－56。

秋山裕之，1997，「祭にみるアイデンティティの保持と敬称――事例：竹富島の種子取祭」『沖縄民俗研究』17，沖縄民俗学会，37－38。

植田今日子，2013，「なぜ大災害の非常事態下で祭礼は遂行されるのか――東日本大

震災後の「相馬野馬追」と中越地震後の「牛の角突き」」『社会学年報』42，東北社会学会，43 - 60。
海燕社，2022，「うむい獅子――仲宗根正廣の獅子づくり』（株）海燕社。
神谷武史，2021，「コロナ禍における沖縄の伝統行事の継続――八重瀬町志多伯の綱引きを事例に」『ムーサ』22，沖縄県立芸術大学音楽学研究誌，1 - 19。
東風平村編，1976，『東風平村史』東風平村。
小林文人，2008，「竹富島の集落組織と字公民館――2007 年調査レポート」松田武雄編『沖縄の字（集落）公民館研究　第 4 集』九州大学。
澤岻大佑，2018，「八重瀬町　新城のシーヤーマーの考察――伝統芸能の継承や普及について」『沖縄県立博物館美術館　博物館紀要』11：143 - 150。
志多伯伝統文化保存会，2011，『志多伯の獅子加那志――年忌行事の八月十五夜豊年祭（上）（下)』志多伯豊年祭教本編集委員会。
牧野修也，2021，『変貌する祭礼と担いのしくみ』学文社。
八重瀬町ホームページ　http://www.town.yaese.lg.jp/（最終アクセス 2023 年 5 月 20 日）
八重瀬町，2011，『獅子加那志の鎮まれる村　八重瀬町字志多伯』（株）海燕社。
八重瀬町役場編，2009，『響け八重瀬のくくる　八重瀬町勢要覧』八重瀬町役場。
八重瀬町教育委員会編，2015，『八重瀬町の歴史（概要版)』八重瀬町教育委員会。
八重瀬町教育委員会編，2015，『八重瀬の響き』八重瀬町教育委員会。
山田浩之，2016，『都市祭礼文化の継承と変容を考える――ソーシャルキャピタルと文化資本』ミネルヴァ書房。
山本素世，2012，「第 4 章　伝統行事，祭祀の継承と地域の持続性――波照間島の学校の取組を事例として」『変貌する沖縄離島社会』ナカニシヤ出版。
山本素世，2020，「沖縄県の自治会と行事・祭祀に関する一考察」『評論・社会科学』133，同志社大学社会学会，111 - 136。
山本素世，2022，「地域の持続と伝統祭祀に関する一考察――沖縄県八重瀬町の事例調査をもとにして」『奈良大学紀要』50：147 - 158。

第11章
観光まちづくりと外人住宅
――浦添市港川ステイツサイドタウン――

栄沢直子

1　はじめに

近年，観光とまちづくりが融合した事象である「観光まちづくり」に取り組む地域が増えている。地域の主体的な資源活用と交流による活性化が目指され，2008年の観光庁創設を経て，観光と地域振興の積極的な関連づけが進むなかで，わが国の観光施策の基軸を構成している（菅野ほか2018）。事例の多くは地域というよりもコミュニティや近隣住区といった，狭く，限られた範域で始まったが，現在では自治体が策定している観光基本計画など観光に特化した構想・計画でも，基本理念や将来像に謳われている。

沖縄県では1972年に作成された沖縄振興開発計画に「余暇生活の充実と観光の開発」が掲げられて以降，観光が県経済を牽引する産業に位置づけられている。2002年度から3次にわたって策定された観光振興計画に基づいて具体的な取り組みが進められた結果，2016年度の入域観光客数は前年度比10.5%増となり，観光収入も前年度比9.6%増となるなど，沖縄県は国内有数の観光地として評価されている。また県都那覇市には琉球王国に由来する文化財が数多く残され，2000年に「琉球王国のグスク及び関連遺産群」として世界遺産登録された史跡や歴史的建造物なども多数存在し，2015年に策定された「那覇市観光基本計画」では，人文資源，自然資源に加え，生活文化資源（都市環境や伝統工芸，生業など）も観光資源の対象とされている。

一方，那覇市に隣接する浦添市では，西海岸部に牧港《まきみなと》補給地区があり，観光客が滞在できる宿泊施設等も少ないことなどから，観光による経済効果を享受しにくい状況となっている（浦添市経済観光局観光振興課 2018）。他方，浦添市には浦添城跡やカーミージー[1]，港川ステイツサイドタウンなど多数の観光コンテンツがあり，「これら観光コンテンツを十分に活かし，「住んでよし　訪れてよし」の観光地域づくりの実現のため」，2018 年に「浦添市観光振興計画」が策定されている。観光立県沖縄にあって，「観光による経済効果を享受しにくい状況となっている」浦添市ではどのように「観光まちづくり」または「観光地域づくり」に取り組み，持続可能な観光と内発的な地域振興を実現しようとしているのだろうか。

本章では多数の観光コンテンツのうち，特に外人住宅を転用したカフェや雑貨店が軒を連ね，多くの観光客を集めている港川ステイツサイドタウンを事例に，浦添市が目指す「観光まちづくり」または「観光地域づくり」のありよう（様態）について考察することを目的とする。

2 「観光地経営」に関連する概念の変遷

菅野ほか（2018）は，既往研究をもとに，「観光地経営」に関連する概念の変遷を跡づけている（**表 11-1** 参照）。1990 年代以降，リゾート開発（1987 年に総合保養地域整備法（リゾート法）が施行）の対案としてのオルタナティブ・ツーリズムの動きに呼応して，「観光まちづくり」や「観光地域づくり」という言葉が用いられるようになる。観光まちづくりと観光地域づくりはともに，観光立国の基本理念である「住んでよし，訪れてよし」を実現するための活動とされる。前者の「観光まちづくり」は 1999 年の文献が初出とされ，「地域が主体となって，自然，文化，歴史，産業など，地域のあらゆる資源を生かすことによって，交流を振興し，活力あふれるまちを実現するための活動」（観光まちづくり研究会 2000: 5）と定義されている。1960 年代の大手電鉄資本等による「観光開発」（観光客をできるだけ多く誘致するための開発事業）とは異なる意味を持つ用語として定着しており，観光事業に直接関わりのない地域の人びとと協力しながら活動が進められているかどうかが両者の

表 11-1 「観光地経営」に関連する概念の変遷

年代	関連概念	定義・含意
1960	観光開発	単体施設計画が主
1970～1980	観光地づくり	観光からのまちづくり 快適な環境づくり，住みよい町づくり
	まちづくり（型）観光	住んでよい町が訪れてよい町 観光はまちづくりの総仕上げ
	リゾート計画	計画対象が観光地に拡大
1990～2000	観光まちづくり	地域が主体となって，自然，文化，歴史，産業など，地域のあらゆる資源を生かすことによって，交流を振興し，活力あふれるまちを実現するための活動
	観光地域づくり	地域特性を踏まえた観光戦略に基づき，多様な地域資源を活用し，地域の幅広い関係者が一体となって進める，観光を軸とした良好な地域づくりの取り組み
2010	観光地経営	観光地の持続的な発展を目的として，一定のビジョンに基づいて観光地を構成する様々な経営資源と推進主体をマネジメントするための一連の組織的活動

（出所）菅野ほか（2018）をもとに作成。

違いのひとつといえる（森重 2015: 22－23）。また「観光まちづくり」は，現状と手段，目的が観光であるか，まちづくりであるかで4つのタイプに分類される（**表 11-2** 参照）。加えて観光まちづくりには，「観光からまちづくりへ」と「まちづくりから観光へ」という2つの潮流があり，前者はすでに一定の観光産業の集積があり，従来から観光振興に取り組んできた地域，いわば観光地における「観光側からまちづくりへのアプローチ」，後者は観光産業がそれほど立地しておらず，これまで観光振興にはあまり縁のなかった地域，いわば非観光地における「まちづくり側から観光へのアプローチ」であり，森重（2015）は，観光まちづくりにおいては後者のアプローチ，つまり非観光地で観光という手段を用いてまちづくりを進めること，**表 11-2** でいえばタイプ4に力点があるとしている。浦添市はこのタイプに該当するだろう。

一方，安村（2021）は，観光まちづくりの本質として，①1980年代初めのほぼ同時期に日本各地で取り組みが始まり，1990年代後半に全国で注目を集めた実践，②持続可能な観光振興と内発的な地域振興の合体，③世界経済

表 11-2　観光まちづくりにおける 4 分類

タイプ	現状 （から）	手段 （を用いて）	目的 （へ）	概要
タイプ 1	観光	まちづくり	観光	従来型の観光地がこれまでの形態では立ち行かなくなり，コンテンツとして，まちづくりを含めた新たな観光スタイルを模索する。
タイプ 2	観光	まちづくり	まちづくり	観光地も持続的な居住地の 1 つであるという地域の側に立って，生活と観光の調和を図りながら，持続再生型の観光地をめざす。
タイプ 3	まちづくり	観光	観光	祭りや地域文化を大事にした結果，外部から多くの人が訪れるようになったため，交流を含めた地域活性化に役立てようとめざす。
タイプ 4	まちづくり	観光	まちづくり	観光客や来訪者の視点をうまく取り入れ，地域の魅力や方向性を考えながら，観光と地域のまちづくりを動かすキッカケとする。

（出所）野原（2008: 30）

の激動，環境問題の深刻化，バブル景気の崩壊のなかで出現，④高度近代化（先進国の経済的豊かさと同時に，自然・生態系の破壊，経済格差，伝統文化の喪失，社会関係の切断など，地球規模の弊害――環境問題と南北問題ももたらす）に抗う動向などを指摘している。観光まちづくりは高度近代化や経済格差などの問題解決に向けた取り組みと捉えられていることがわかる。

後者の「観光地域づくり」は国土交通省によって，「地域特性を踏まえた観光戦略に基づき，多様な地域資源を活用し，地域の幅広い関係者が一体となって進める，観光を軸とした良好な地域づくりの取組み」（国土交通省 2008: 1）と定義されている。2015 年頃から欧米に倣って導入された DMO（Destination Management/Marketing Organization：観光地域づくり法人）を中心に推進され，DMO は多様な関係者の合意形成，KPI の設定，PDCA サイクルの確立などの役割・機能を実施する（観光庁 2022）。これら DMO による観光地域づくりの目的は，観光地が「稼ぐ力」をつけて収益性を高めることにあり，1960 年代の「観光開発」と目的（利潤の追求）を共有している。これが（「観光開発」とは異なる意味を持つ）「観光まちづくり」との違いで，観光まちづくりは「高度近代化に抗う，持続可能な地域社会の実現を予感させる現象」であるのに対して，観光地域づくりは「資本主義的な発想で，たとえば地域間や都市間の競争を引き起こすような，高度近代化を支える現象」であり，たがいの出自が異なっている。同様に敷田（2021）も，「DMOは経営や収益の視点を持つので，それまでの観光まちづくりの拡張ではない」，「在野の活動であった観光まちづくりが市場化し，さらに国による管理に組み込まれることを意味する」と述べている。高度近代化に抗うのか支えるのか，在野の活動か管理への取り込みかが，観光まちづくりと観光地域づくりを分ける境界線といえよう。

観光振興に向けては多様な主体との調整が不可欠であり，その施策も多岐にわたる一方で，他の事業との連携がとれなかったり，資金的な都合で単年度で終了してしまったりして，十分な効果を得られないケースも見られた。そこで2010年代から，「観光地の持続的な発展を目的として，一定のビジョンに基づいて観光地を構成する様々な経営資源と推進主体をマネジメントするための一連の組織的活動」と定義される「観光地経営」という用語が使われるようになった。さらに「観光地経営」は2014年に始まる地方創生の文脈で，「地域の稼ぐ力を引き出すとともに地域への誇りと愛着を醸成する」ものとしても定義されている。これは地域（住民）主体を強調する「観光まちづくり」や「観光地域づくり」の概念を包含しつつ，特に「観光地域づくり」の経済面，収益面を意識している点に特徴があり，持続的で多様な主体を俯瞰する視点を持つ「地域経営」を指向した概念といえる。

「観光まちづくり」が「観光地経営」に変化しつつある現在，それが何を目指すのか改めて考える必要がある（敷田 2021）。多様な地域の主体（ステークホルダー）の包摂は経営，つまり目的が定まったマネジメントを基本とする「観光地経営」では実現が難しく，観光によって地域内に自由な空間を創り，創造的な発想や実践を実現するためのプラットフォームの形成が求められる。また2010年代以降，観光地をマネジメントの対象とする概念は，すでに「観光ガバナンス」という用語に包含されるようになってきており（菅野 2020a），「観光ガバナンス」は，「観光に関わる意思決定や合意形成の仕組みやプロセス」と定義され，従来の「何に取り組むか」というマネジメントの側面から，「誰が，どのように，なぜ取り組むか」というプロセスの側面により照射した概念とされる。観光地域づくりが出自的にマネジメントの側面を持つとすれば，観光まちづくりはプロセスの側面を持つといえるだろうか。

次節では，浦添市の観光コンテンツ（観光資源）である外人住宅について検討する。

3　外人住宅の建設と転用

外人住宅とは米軍基地外の軍人軍属用住宅を指し，沖縄で使われている一般的な呼称である（田上ほか 2001; 田上 2004）。一般にコンクリートスラブのフラットルーフという単純な形態で，かつほとんど同じ形態で，外人住宅といえば地元では独特のスタイルを持った住宅様式として知られている（小倉 1993; 1995）。150〜450 m^2 の敷地中央に芝生に囲まれて延床 65〜90 m^2 の住宅が配置され，住宅平面は 2 〜 4 ベッドルームタイプが一般的である。材料的・構造的にもシンプルなものだが，その近代的な住宅デザインは当時の地元住民に一種の「憧れ」を抱かせるのに十分であったという。

戦後の沖縄は米軍にとって戦略上重要な場所であり，特に 1950 年代の朝鮮戦争と 1960 年代のベトナム戦争における位置づけは大きく，米軍は大量の物資と人員を投じて基地建設を強力に推し進めた。復帰前の基地関係人口はひとつの自治体規模の約 4 万人といわれ，一方，基地内住宅の数はおよそ 5000 戸とされ，到底すべての兵員を収容することはできず，入居できない軍人軍属は基地外の周辺地域に住むことを許可された。基地周辺にはこれら軍人軍属を対象とした外人専用の貸住宅が建てられ，その最初期のものは北谷《ちゃたん》町砂辺地区の住宅群とされる。しかし基地外に建てられた住宅は基地内のものよりも性能的に劣っており，米軍は地元の有力者に独自の仕様書を示して基地内と同じ造りの住宅を建てるよう要請した。こうして 1958 年頃に北谷町北前地区に多数の外人（向け）住宅が出現した。

産業としての外人住宅は同じ年に沖縄の通貨がB円からドルに変わった後，米軍から琉球政府に対して民間貸住宅建設の要請があったことに始まる。60 年代前半に最盛期を迎えるが，その総戸数を正確に把握することは現在では困難である。1960 年の米国政府によるドル防衛策発表後に設立された「米国軍人軍属向け貸住宅協会」（家賃徴収や住宅管理などを担う地元組織）によれば，1970 年時点の総戸数は 1 万 2000 戸程度であったという[2]。外人住宅が急速に普及した要因としては投機対象という面が大きく，低額の借地料（地価の高い那覇市小禄《おろく》でも 1 坪年間 1 ドル程度）と建設コスト（25～30 坪程度の標準的な 2 ～ 3 ベッドルームタイプで約 2000～3000 ドル），安定した家賃収入（月額 100 ドル程度）により，短期間で初期投資の回収が可能であったことなどが挙げられる。ドル獲得をめざす地元業者による組織的な建設のほか[3]，個人宅に数棟の貸住宅が建てられるケースもあった。一方，借り手側については，基地外居住には住宅手当の他，食料，衣料等の各種手当が支給され，月額 100 ドル程度の家賃はほとんど手当の範囲内に納まるため，彼らにとっても外人住宅は手頃に借りることができた。しかし 1972 年の本土復帰後の基地の縮小，また 1980 年代以降の「在日米軍駐留経費（思いやり予算)」の拡大による（タワーと呼ばれる高層集合住宅など）基地内住宅の拡充，円高等の経済的要因により，外人住宅の需要は急速に減少した。経営方針の転換を余儀なくされた所有者は，外人住宅を地元住民に賃貸または分譲するようになった。

産業としては 10 年足らずで衰退した外人住宅は，基地経済という特殊な状況下で開花した特異な現象といえるが，現在では住宅（住居施設）としてのみならず，飲食店や物販店など多様な非住居施設としても活用されている。田上（2004）は，2000 年 3 月～2001 年 10 月に行った現地調査から，「10 戸程度以上がまとまって建設された住宅地 56 ヵ所」のうち，「現存が確認されたのは 49 ヵ所」で，「悉皆調査により現存総住戸数 3,726 戸を確認」している。そのうち，「室内・外及び規模の大小を問わず何らかの形で増改築という自主的な更新をした住宅が 2,378 戸（全戸数の 66.9%）存在」し，また「非住居機能への転用」が 293 事例確認されたという。うち住宅の全部を転用する「全転用」が 73.0%（214 戸），住宅の一部を転用する「部分転用」が 26.3%（77 戸），敷地内に別機能を付加する「付加転用」が 0.7%（ 2 戸）を占めている。転用の用途については，全転用，部分転用ともに，「業務」施設（建築設計事務所，新聞販売店など）として転用されているものが 30% を超えている。また「業務」以外の用途では，全転用では，「商業（飲食)」，「商業（物販・展示)」の順，部分転用では，「商業（物販・展示)」，「商業（飲食)」の順で多くなっている。全転用の「商業（飲食)」施設ではフレンチやイタリアン等のレストラン，部分転用の「商業（物販・展示)」施設では洋装店，化粧品店，弁当屋などが多い。

上記の検討をもとに次節では，外人住宅の転用事例としての港川ステイツサイドタウンを「観光地域づくり」の重点エリアに設定している浦添市観光振興計画について検討する。

4　浦添市観光振興計画と港川ステイツサイドタウン

浦添市は沖縄本島南部に位置し，南は那覇市，東は西原町，北東は宜野湾《ぎのわん》市と隣接している。東西 8.4 km，南北 4.6 km，北を頂点とした扇状の形をしている。面積は 19.44 km^2 で，その 14.1％を米軍施設（牧港補給地区：キャンプ・キンザー）が占めている。牧港補給地区は 2013 年の「沖縄における在日米軍施設・区域に関する統合計画」で返還合意され，「駐留軍用地跡地の有効利用は，沖縄全体の今後の振興・発展に資する」（駐留軍用地跡地利用に伴う経済波及効果等に関する検討調査）と期待される一方，返還時期が見通せないなか（2025 年までの条件付き返還合意が決定していたが，2020 年に計画の見直しが発表された)，「観光による経済効果を享受しにくい状況」にある。人口 11 万 5091 人，人口密度 5920 人/km^2（2023 年 4 月末現在）で，人口は那覇市，沖縄市，うるま市に次いで県内で 4 番目に多く，人口密度は那覇市に次いで 2 番目に高くなっている。琉球王朝発祥の地である「浦添」の名は，津々浦々を支配するという意味の「うらおそい（浦襲い)」という言葉が語源で，これが転じて「うらしい」となり，「浦添」の字があてられた。春の風物詩として沖展，てだこウォーク，東京ヤクルトスワローズキャンプ等，夏の風物詩として浦添てだこまつりが催されている(4)。

浦添市の観光振興の指針となる「浦添市観光振興計画」は，2018 年度から 2025 年度までの 8 年間を計画期間とし，牧港補給地区の存在により，いまだ享受しにくい状況にある観光による経済効果を十分に享受することを目的としている。そして様々な効果（地域の誇り，アイデンティティの醸成効果や

表 11-3　戦略的重点施策

観光振興の基本方針	戦略的重点施策	解決すべき課題
①地域資源である生活・文化・芸能・自然・施設・環境・人を活かす浦添での過ごし方の提案	1）地域の歴史・文化・芸能の保全・活用	→浦添市が有する資源を活用しきれていない →ターゲット設定と資源連携による訴求力を高める
	2）施設を核とした賑わいの創出	→既存および新たに整備が予定されている交流拠点を核として集客力を高める
②浦添の情報発信の強化	3）来訪者及び市民にも訴求する浦添市の情報発信の強化	→来訪者だけでなく，市民にも訴求することで，地域と一体での観光振興を進める
③受け入れ環境として，滞在拠点・交通の充実	4）受け入れ施設の整備・充実	→これからの拠点整備と既存施設の柔軟な活用により，滞在型への転換を図る
④浦添観光を支える体制の充実	5）官民による観光まちづくり推進体制の構築	→持続的な観光まちづくりを図るための充実した体制構築が必要
⑤マーケティング・経済波及効果の検証体制の充実	6）マーケティング情報のフィードバックの仕組みづくり	→マーケティングに基づく観光事業の推進により，効果的に経済効果を高める

～目指す将来像を実現する～
受け皿をつくる／知ってもらう／滞在してもらう／経済効果を上げる／市民の満足度を高める

（出所）浦添市経済観光局観光振興課（2018: 34）

地域への経済効果）を生かして，「地域の「あるべき姿」を実現していく取組こそ，“観光地域づくり”の考え方」だとしている[5]。また観光振興の基本方針に基づき，全般的な施策・プロジェクトのなかで特に重要度が高いと考えられるものを戦略的重点施策として，**表 11-3** のとおり位置づけている。特に「2）施設を核とした賑わいの創出」として，「現在も多くの来訪者を受け入れている港川ステイツサイドタウンの更なる賑わいの創出」に取り組むとしている[6]。この取り組み（施策）については，2021～2025 年度までの中期のロードマップと実施主体の役割分担（事業者（◎：主体的に実施する），行政（○：協力的に実施する），関連団体（浦添市観光協会など）（○：協力的に実

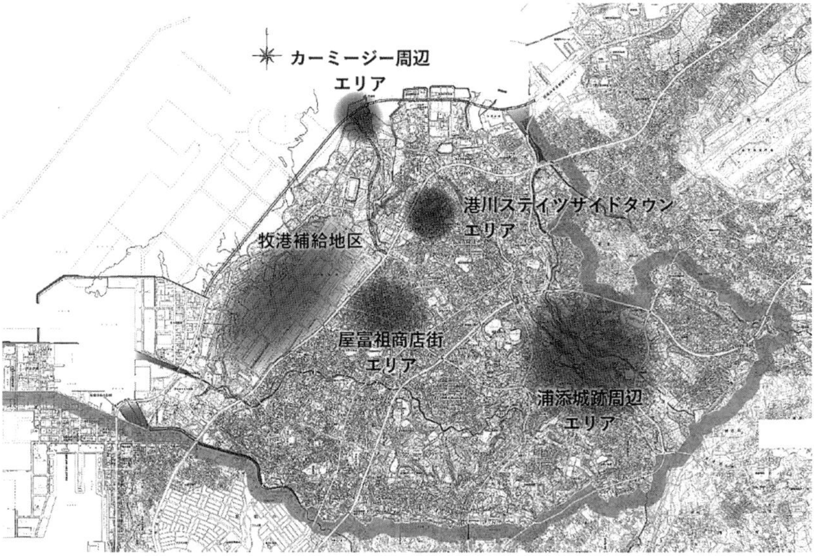

（出所）浦添市経済観光局観光振興課（2018: 40）

図 11-1　重点的に取り組みを進めるエリア

施する））が示されている。ただし役割分担の具体的な中身については明示されていない。一方，「観光地域づくりを実現していくためには，エリアごとの特色・特性に応じ戦略的に観光振興を図ることが重要である」ため，重点的に取り組みを進めるエリアとして，浦添城跡周辺エリア，カーミージー周辺エリア，港川ステイツサイドタウンエリア，屋富祖《やふそ》商店街エリアが設定されている（**図 11-1** 参照）。特に港川ステイツサイドタウンエリアについては，「駐車場が少なく，路上駐車が多いことや近隣の子ども達が登下校に利用しているといった観光地と住宅地が混在している状況」にあり，「観光客だけではなく，住民にとっても住みやすい環境となるよう，具体的な取組が必要となるエリア」とされている。こうした状況認識を踏まえ，積極的に推進する取り組みとして，「テーマ性を活かした浦添ならではの滞在コンテンツの造成」や「駐車場の整備・確保に向けた取組」などが想定されている。

重点エリアに設定されている港川ステイツサイドタウンは，「港川地区内の外人住宅が集積する地域一帯のことを指し，外人住宅を利用した住居と店舗が混在しているエリア」（伊佐 2017: 3）である。徒歩５～10分ほどの範囲にレトロで近代的なデザインのコンクリート造平屋が密集している。地元業者の沖商不動産が管理しており，同社のホームページでは，「元々はミリタリーハウジングとして栄えたこのエリア，古き良き外人住宅の風景を残したこの町に個性豊かなお店が集まりました」と紹介されている[7]。いまや沖縄を紹介するほとんどのガイドブックに取り上げられるほど，浦添市を代表する観光名所（コンテンツ）となっている。外人住宅を利用した店舗は県内に多数存在するが，これだけの数が徒歩圏内に集中しているのはここだけだという。もともとキャンプ・キンザーで働く軍人やその家族が暮らす外人住宅として建設され，その独特な景観を現在に受け継いでいる。近年，広々とした間取りを持つ外人住宅をリフォームし，カフェや雑貨店など個性豊かな店舗に転用するケースが増えており，女性や訪日外国人，修学旅行生など多くの観光客がこのエリアを訪れている。

港川ステイツサイドタウンは，1946年に糸満で創業した沖縄商会が，基地関係者を見込んだ貸住宅を建設する目的で港川の荒地を買い取り，ダイナマイトやブルドーザーを投入して造成を行い，1960年に61戸の外人住宅を建設した（**表 11-4** 参照）。当時の家賃は部屋の広さ等に応じて米軍が決めており（軍険），およそ60～100ドル程度であったというが，本土復帰後外人住宅の需要が減少し，1965年に沖縄商会から不動産部門が独立した沖商不動産は，家賃を４～５万円程度に下げて地元向け住宅として貸し出した。芝生で覆われた敷地と白い外壁の外人住宅は地元民の憧れだったという。他方で「60年代は，一般の民間住宅でも次第に木造からコンクリート造に移行する時期に当り」（小倉 1993: 1），また外人住宅自体の老朽化によって市場価値が低下し，空き家が増えていった。そしてその対処として住居以外の用途（非住居機能）への転用も増えていった[8]。「当初その多くは，事務所や倉庫であり，古いが安く，使い勝手のいい物件として転用が進んだ」（緒方・梶原 2012: 48）という。1990年以降４戸が保育園や学童などの子ども施設に転用され，さらに2004年以降，それまで見られなかった趣味性の高いカフェや雑貨等のショップへの転用が進んだ。築40年を超えて老朽化が進む建物の全面的な建て

表 11-4　外人住宅（港川ステイツサイドタウン）関連年表

年	事　項
1950	朝鮮戦争勃発，恒久化に向けた基地の本格建設，牧港補給地区（キャンプ・キンザー）建設
1958	北谷町北前に外人向けコンクリートブロック造住宅建設
1960	ベトナム戦争勃発，基地増強に対応して基地外に民間資本による賃貸住宅建設ブーム 米国軍人軍属向け貸住宅協会（全沖縄貸住宅協会）設立 港川の地主が 61 戸のコンクリート造平屋住宅を建設
1970	沖縄全体で約 1 万 2000 戸の外人住宅建設，住宅ストックの約 1 割を占める
1972	本土復帰，基地外の外人住宅から軍人が退去，代わりに日本人が入居する「普通の」住宅地に転化
1980 年代	沖縄振興策により一般の住宅水準向上，相対的に外人住宅の市場価値が低下 港川の外人住宅は積極的な改修がなされなかったため空き家が増加
1990 年代	事務所や倉庫，保育園・学童施設等への転用が進む
2004	本土からの移住者が外人住宅に独自の価値を見出し，セルフ・リノベーションしたカフェ等をオープン
2008	所有する不動産会社が経年劣化した建物の全面的な建替方針を転換し，地区名の設定，案内板の設置，家賃引き上げなど商業地にコンバージョン
2011	一気に 10 軒の転用（カフェ，雑貨店，デザイン事務所），商業地としての価値向上 ガイドブック等に掲載，観光客の人気を集める

替えを検討していた管理会社は，退去があるたびに屋根や天井，壁の補修などの改修を行い，エリア全体を商業地，特に高家賃の店舗とするよう方針を転換した。そして 2008 年にエリア一帯を「港川ステイツサイドタウン」と名づけて案内板を設置し，メインストリートから伸びる 10 本の街路にも「GEORGIA」や「TEXAS」といったアメリカの州名をつけて散策しやすくした（**図 11-2** 参照）。エリア内の各戸には軍向けの貸住宅として使用されていた当時から通し番号（ハウスナンバー）が振られており，現在もショップナンバーとしてそのまま使われている。一方，各街路はいずれも道幅が狭く，各戸の駐車場もスペースが限られており，近年このエリアの認知度が高まるにつれて路上駐車などの問題も増えていることから，管理会社では既設のコインパーキングに加えて，老朽化した住宅 1 戸を取り壊して新たにコインパーキングを増設している。

図 11-2　港川ステイツサイドタウン

ここまで外人住宅地である港川ステイツサイドタウンの建設と需要減少への対応としての非住居への転用に派生する地区の高級化（ジェントリフィケーション）について検討してきた。観光振興においても地区の変容にあわせた施策が重要となろう。

5　おわりに

本章では外人住宅の転用事例を通して，浦添市が目指す「観光まちづくり」または「観光地域づくり」のありよう（様態）について検討してきた。「浦添市観光振興計画」では，観光振興の意義として，「地域への経済効果」，「地域の誇り，アイデンティティの醸成効果」，「“住んでよし 訪れてよし”の観光地域づくりの実現」を挙げ，「観光地経営」の定義（地域の稼ぐ力を引き出すとともに地域への誇りと愛着を醸成する）を意識した考え方が示されている。一方，具体的な取り組みを推進していくための実施主体として，行政，関連団体，事業者，市民を想定しており，これら多様な主体を包摂した観光振興体制の構築は，マネジメントを基本とする「観光地経営」では実現が難しいことを考慮すると，また浦添市は「非観光地で観光という手段を用いてまちづくりを進める」タイプの観光まちづくりに該当することを考えると，施策の目的よりも手段や理由に着目すると同時に，官民連携や民間のパートナーシップ，コミュニティによるガバナンスの枠組みづくりがより重要になると考えられる[9]。この点について「浦添市観光振興計画」では，行政内（庁内）を横断した連携強化や，関連団体である浦添市観光協会の組織強化などが提起されている[10]。

沖縄県以外でも米軍ハウス[11]を観光資源（地域資源）に位置づけ，その保存・活用とまちおこしにつなげようとする取り組みが進められている（栄沢 2023）。その方向性を決めるのは，まちおこしを担う主体の「誰が，どのように，なぜ取り組むか」を考えるプロセスのありよう（様態）といえる。

(1) 「カーミージー（亀瀬）は方言で，岩の形が亀が伏せたような姿に見えることから，「カーミー」が亀，「ジー」が岩礁のことで，地域住民に親しまれてきた場所です」。浦添市，2018，「カーミージー周辺の貴重な自然が残っている里浜を守りましょう！」浦添市ホームページ（2023 年 5 月 31 日取得，http://www.city.urasoe.lg.jp/docs/2018012400020/）

(2) 1970 年には外人住宅が沖縄の住宅ストックの約 1 割を占めたという。

(3) まとまった数の外人住宅を最初に建設した業者のなかでは米琉住宅がよく知られている（小倉 1993）。米琉住宅は沖縄出身の石川孝信が 1957 年に「大山ドライブイン」を開業し，翌年石川産業を創業，普天間基地近くのマーシー・ポイント（宜野湾市大山地区）に 4000 坪 32 棟，港川補給基地近くのマチナト・ポイント（浦添市港川地区）に 1 万坪 78 棟の宅地を開発した（駒沢 2009）。

(4)　12 世紀からの 200 年あまり，琉球王朝の都として栄えた浦添には当時の王「英祖王」の父が太陽であったという伝説が残り，それに因んで，沖縄の方言で太陽を意味する「てぃだ」と，子どもを意味する「こ」を合わせた「てだこの街」と呼ばれることが多い。

(5)　計画では，浦添市の観光資源を，①自然，②風景，③歴史，④文化・芸能，⑤祭・イベント，⑥スポーツ・健康，⑦体験，⑧特産・食，⑨宿泊，⑩産業，⑪人に分類している。

(6)　港川ステイツサイドタウンが戦略的重点施策として選定された理由については，「外国人住宅を活用し，人気のカフェや雑貨屋が軒を連ね，多くの観光客を集客している地域である。最近では，訪日外国人も多く見受けられる。観光拠点としてのポテンシャルを秘めている一方，近年渋滞の発生，駐車場の不足といった受入環境の課題が生じている。古き良き外国人住宅の風景として価値が高いことから，今後，受入環境の整備を行うとともに，その周辺に住む住民にとっても住みやすい環境として整えていく必要があるエリアである」（浦添市経済観光局観光振興課 2018: 46）と述べられている。

(7)　沖商不動産，2020，「港川外人住宅」沖商不動産ホームページ（2023 年 5 月 31 日取得，http://okisho.com/foreigner-house/）

(8)　当初建設された 61 戸のうち 31 戸が非住居に転用されている。

(9)　観光政策における「ガバナンス」は，「実行方法」（階層的－非階層的）と「行動主体」（官－民）の 2 軸で分類され，「階層型（国によるガバナンス）」「市場型（政府機能の市場化・民営化によるガバナンス）」「ネットワーク型（官民連携によるガバナンス）」「コミュニティ型（民間のパートナーシップ，コミュニティによるガバナンス）」の 4 つの象限に類型化される（菅野 2020b）。

(10)　浦添市観光協会は 2023 年 3 月 31 日現在，「地域 DMO」に登録されている。

(11)　「在日米軍が戦後，基地周辺の市町や日本人に呼びかけて米軍基地の敷地の外に造らせた，米軍人とその家族が居住する一戸建ての貸家」（荒居 2002; 新井 2005）。

■参考文献

荒居直人，2002，『ゴーゴー福生――アメリカのフェンスのある東京の街から』クレイン。

新井智一，2005，「東京都福生市における在日米軍横田基地をめぐる「場所の政治」」『地学雑誌』114（5）：767－790。

伊佐真未子，2017，『沖縄県における「外人住宅」の活用――港川ステイツサイドタウンを事例に』筑波大学比較文化学類平成 28 年度卒業論文。

浦添市経済観光局観光振興課，2018，『浦添市観光振興計画』。
栄沢直子，2023，「米軍ハウスの保存・活用に向けた取り組み――福岡県の事例」『軍用地コンバージョンの国際比較――沖縄の基地移転と跡地再開発をめぐる地域社会研究』令和元年度～令和 3 年度 JSPS 科研費（基盤研究（B）（一般）（課題番号 19H01581）研究成果報告書第 2 輯（研究代表者　大阪経済大学　難波孝志）），91－97。
大澤健，2018，「「観光まちづくり」の理論的課題」『経済理論』392：81－107。
緒方大地・梶原あき，2012，「住宅地からカフェ街へのコンバージョン――沖縄・港川外人住宅」『住宅』61：47－54。
小倉暢之，1993，「沖縄の外人住宅に関する研究――その歴史的展開及び計画内容を中心として」財団法人第一住宅建設協会・財団法人地域社会研究所調査研究報告書。
――――，1995，「外人住宅の建設とその内容について」照屋善彦・山里勝己・琉球大学アメリカ研究会編著『戦後沖縄とアメリカ――異文化接触の 50 年』沖縄タイムス社，181－201。
観光庁，2022，「観光地域づくり法人（DMO）とは？」観光庁ホームページ（2023 年 3 月 31 日取得，https://www.mlit.go.jp/kankocho/page04_000048.html）。
観光まちづくり研究会，2000，『観光まちづくりガイドブック――地域づくりの新しい考え方～「観光まちづくり」実践のために』財団法人アジア太平洋観光交流センター。
菅野正洋，2020a，「視座「デスティネーション・ガバナンス」の概念整理と我が国における方向性」『観光文化』245：6（2023 年 6 月 11 日取得，https://www.jtb.or.jp/tourism-culture/bunka245/245-06/）。
――――，2020b，「特集 1「デスティネーション・ガバナンス」の研究動向」『観光文化』245：2（2023 年 6 月 11 日取得，https://www.jtb.or.jp/tourism-culture/bunka245/245-02/）。
菅野正洋・吉谷地裕・山田雄一，2018，「日本の「観光地経営」に関連する概念の変遷および海外における類似概念との比較」『日本国際観光学会論文集』25：25－35。
国土交通省，2008，『観光地域づくり実践プラン実施要綱』。
駒沢敏器，2009，『アメリカのパイを買って帰ろう』日本経済新聞出版社。
敷田麻実，2021，「新しい観光まちづくりへの期待と観光地経営」『観光学評論』9（1）：5－21。
田上健一，2004，「沖縄における米式住宅の非住居機能への転用に関する研究」『日本建築学会計画系論文集』586：9－16。
田上健一・上江田常美・鈴木雅明・本村政敏・新城敦子・本庄正之，2001，「沖縄の米式住宅における再生の実態と居住者評価に関する研究」『住総研　研究年報』28。

野原卓，2008，「観光まちづくりを取り巻く現状と可能性」『季刊まちづくり』19：30－37。
森重昌之，2015，「定義から見た観光まちづくり研究の現状と課題」『阪南論集　人文・自然科学編』50（2）：21－37。
安村克己，2021，「観光学事始め：第19回　観光まちづくりと観光地域づくりの違いとは？　後半」せとうち観光専門職短期大学（2023年6月11日取得，https://web.seto.ac.jp/tourism/）。

あとがき

本書は「シリーズ沖縄の地域自治組織」の第2巻として編纂された。第1巻『北中部編』の発行が2020年のことなので，本書の刊行まで3年かかったことになる。この3年間は渡航自粛が要請されることも多く，現地調査の予定を立てにくい期間でもあった。

本書の沖縄本島南部および離島の現地調査が本格的に始まったのは2016年から18年にかけてのことであった。その初期にインタビューに応じていただいたとすれば7年前ということになる。われわれは現地の人たちの話を聞くことから始めて，きちんと成果を形にして世に送り出すところまでを地域研究者の責務であると考えている。研究助成期間内にその都度報告書にはまとめているが，それは限られた部数しか刷らないこともあり必ずしも皆の手に届くものではない。また学会発表なども積極的に行っているが，これも限られた人たちにしか届かない。かなり時間がかかったが，ようやく一般に入手できる図書として出版するに至った。ひとつの責務を果たせたと胸をなで下ろしている。われわれの調査に快く応じてくださった，自治体の首長および行政職員の皆さん，区長の皆さん，自治会長の皆さん，共同売店の皆さんをはじめ，すべての協力者の皆さんに感謝申し上げます。

『北中部編』を読んで感想を寄せていただいた方々，書評に取り上げて講評いただいた学会誌関係者の先生方に感謝申し上げます。いずれも調査研究の成果に対する貴重なリアクションであり，われわれ研究グループ内で議論し共有している。また，われわれは学会大会で連携報告することもしばしばあり，フロアからの質疑とそれへの応答のやり取りは自分たちの研究を省みる視点を与え，さらに背中を押してくれている。名前をあげるのは控えるがいつも気にかけてご参会くださる先生方に感謝申し上げます。

『北中部編』のあとがきに編者の難波は次のように書いている。「自衛隊基地所在市町村や，沖縄の中心都市那覇市およびその都市圏，米軍基地が所在する北部の町村について，調査は継続中である。今後のシリーズに期待されたい」。この記述を受けて続刊に期待を寄せる声を聞いた。とてもありがたいことである。そのときに継続中であった調査の多くが論考となり，本書に収録されることになった。ただし那覇の論考は入っていない。もとより那覇編は南部編と分けて編集しようという計画だったので予定どおりではあるものの，那覇編をいつどういう形で世に送り出すか具体的なことはまだ定まっていない。今後の出版企画に期待いただければ幸甚である。

なお，本書に掲載の研究調査の遂行にあたっては下記の科学研究費の助成を受けた。

- 平井順，科研（B）「沖縄県の自衛隊及び米軍所在自治体における地域アソシエーションの実証的社会集団研究」2016－2018，（16H03706）
- 難波孝志，科研（B）「軍用地コンバージョンの国際比較：沖縄の基地移転と跡地再開発をめぐる地域社会研究」2019－2021，（19H01581）

これらのほかに，JSPS 科研費 25380719・15K03998・16K04124 の助成及び大阪経済大学共同研究費の助成を受けた。

さいごに，ナカニシヤ出版の石崎雄高さんからは都度適切な助言をいただいた。ここに記して感謝申し上げます。

2023 年 8 月

平 井　　順

▒執筆者紹介（執筆順，＊は編者）

＊平井 順（ひらい・じゅん）

同志社大学大学院文学研究科博士課程修了。社会学専攻。博士（社会学）。吉備国際大学准教授。『米軍基地と沖縄地域社会』〔共著〕（2020 年），『変貌する沖縄離島社会――八重山にみる地域「自治」』〔共著〕（2012 年），『闘う地域社会――平成の大合併と小規模自治体』〔共著〕（以上ナカニシヤ出版，2010 年），他。

〔担当〕はしがき，第 4 章，あとがき

杉本 久未子（すぎもと・くみこ）

同志社大学大学院文学研究科博士課程修了。環境社会学・地域社会学専攻。博士（社会学）。元大阪人間科学大学教授。『現代地方都市の構造再編と住民生活――広島県呉市と庄原市を事例として』〔共編著〕（ハーベスト社，2017 年），『成熟地方都市の形成――丹波篠山にみる「地域力」』〔共編著〕（福村出版，2015 年），『変貌する沖縄離島社会――八重山にみる地域「自治」』〔共編著〕（ナカニシヤ出版，2012 年），他。

〔担当〕第 1 章

藤谷忠昭（ふじたに・ただあき）

東京都立大学大学院社会科学研究科博士課程修了。社会学専攻。博士（社会学）。相愛大学教授。『米軍基地と沖縄地域社会』〔共著〕（ナカニシヤ出版，2020 年），「沖縄の地域社会と自衛隊」（『相愛大学研究論集』33，2017 年），『個人化する社会と行政の変容――情報，コミュニケーションによるガバナンスの展開』（東信堂，2009 年），他。

〔担当〕第 2 章

猿渡 壮（さるわたり・たけし）

同志社大学大学院社会学研究科博士課程単位取得退学。社会学専攻。博士（社会学）。島根大学講師。「対話的コミュニティとしての NPO」（『評論・社会科学』135，2020 年），「行政との関係性に基づく NPO の組織類型」（『社会分析』47，2020 年），「ボランティア参加の階層的基盤――文化的豊かさに注目して」（『ソシオロジ』62（1），2017 年），他。

〔担当〕第 3 章

南 裕一郎（みなみ・ゆういちろう）

関西大学大学院社会学研究科博士課程修了。社会学専攻。博士（社会学）。法政大学沖縄文化研究所国内研究員。『米軍基地と沖縄地域社会』〔共著〕（ナカニシヤ出版，2020 年），*The Crisis of Democracy?: Chances, Risks and Challenges in Japan* (*Asia*) *and Germany* (*Europe*)〔共著〕(Cambridge Scholars Publishing, 2020)，『続・青春の変貌』〔共著〕（関西大学出版部，2015 年），他。

〔担当〕第 5 章

難波孝志（なんば・たかし）

関西大学大学院社会学研究科博士課程単位取得退学。都市社会学・地域社会学専攻。大阪経済大学教授。『米軍基地と沖縄地域社会』〔編著〕（ナカニシヤ出版，2020 年），「沖縄軍用跡地利用とアソシエーション型郷友会——郷友会組織の理念と現実」（『社会学評論』67（4），2016 年），「沖縄軍用跡地の過剰開発プロセスにおける自治体の役割」（『日本都市社会学会年報』33，2015 年），他。

〔担当〕第 6 章

田村雅夫（たむら・まさお）

大阪市立大学大学院文学研究科博士課程単位取得退学。社会学専攻。椙山女学園大学名誉教授。『米軍基地と沖縄地域社会』〔共著〕（ナカニシヤ出版，2020 年），『闘う地域社会——平成の大合併と小規模自治体』〔共編著〕（ナカニシヤ出版，2010 年），『地方自治の社会学』〔共著〕（昭和堂，2006 年），他。

〔担当〕第 7 章

牧野芳子（まきの・よしこ）

佛教大学大学院社会学研究科在籍。社会学専攻。『米軍基地と沖縄地域社会』〔共著〕（ナカニシヤ出版，2020 年）。

〔担当〕第 8 章

武田祐佳（たけだ・ゆか）

奈良女子大学大学院人間文化研究科博士後期課程単位取得退学。同志社大学嘱託講師。地域社会学専攻。『米軍基地と沖縄地域社会』〔共著〕（ナカニシヤ出版，2020 年），「子育て期女性のサポート・ネットワークと精神的健康——ライフステージ間の比較」（『同志社社会学研究』23，2019 年），他。

〔担当〕第 9 章

山本素世（やまもと・そよ）

関西大学大学院社会学研究科博士課程単位取得退学。都市社会学・地域社会学専攻。同志社大学嘱託講師。『コロナ時代の仕事・家族・コミュニティ——兵庫県民の声からみるウィズ／ポストコロナ社会の展望』〔共著〕（ミネルヴァ書房，2022 年），『米軍基地と沖縄地域社会』〔共著〕（ナカニシヤ出版，2020 年），「地域の課題解決としての拠点づくり——先駆としての沖縄県における共同店設置事例」『コミュニティ政策 16』（東信堂，2018 年），他。

〔担当〕第 10 章

栄沢直子（えいざわ・なおこ）

関西大学大学院社会学研究科博士課程単位取得退学。地域社会学専攻。関西大学非常勤講師。『米軍基地と沖縄地域社会』〔共著〕（ナカニシヤ出版，2020 年），『変貌する沖縄離島社会——八重山にみる地域「自治」』〔共著〕（ナカニシヤ出版，2012 年），『闘う地域社会——平成の大合併と小規模自治体』〔共著〕（ナカニシヤ出版，2010 年），他。

〔担当〕第 11 章

シリーズ　沖縄の地域自治組織②〈南部離島編〉

沖縄的共同性の構築と継承

2023年12月28日　初版第1刷発行

編　　者　平井　順
発行者　中西　良

発行所　株式会社　ナカニシヤ出版
〒606-8161　京都市左京区一乗寺木ノ本町15
TEL　(075)723-0111
FAX　(075)723-0095
http://www.nakanishiya.co.jp/

印刷・製本／創栄図書印刷
＊落丁・乱丁本はお取り替え致します。
ISBN978-4-7795-1760-0　Printed in Japan

米軍基地と沖縄地域社会

シリーズ　沖縄の地域自治組織①〈北中部編〉

難波孝志　編

沖縄特有の「シマ」の継承、米軍基地の存在と影響に、さらに都市化がミックスされた地域社会の変動を、住民組織の現実を通して描き出す論文集。多くの区に対して行なった丹念な研究調査の成果。

二六〇〇円＋税

沖縄山原／統治と抵抗

―戦後北部東海岸をめぐる軍政・開発・社会運動―

森　啓輔

なぜ、自然豊かな山原（やんばる）に基地が作られたのか。それに人びとはどのように抗ってきたのか。地域の開発・占領史と、反基地運動の生起と展開を、歴史的資料とフィールドワークに基づいて描く。

四五〇〇円＋税

同化と他者化

―戦後沖縄の本土就職者たち―

岸　政彦

「もうひとつの復帰運動」としての戦後の大規模な本土移動。なぜ彼らのほとんどは、結局は沖縄に帰ることとなったのか。詳細な聞き取りと資料をもとに、「沖縄的アイデンティティ」のあり方を探る。

三六〇〇円＋税

地元を生きる

―沖縄的共同性の社会学―

岸　政彦・打越正行・上原健太郎・上間陽子

階層格差という現実のなかで生きられる沖縄的共同性――。膨大なフィールドワークから浮かび上がる、教員、公務員、飲食業、建築労働者、風俗嬢……さまざまな人びとの「沖縄の人生」。

三二〇〇円＋税

表示は二〇二三年十二月現在の価格です。